Gabriele Kalmbach

W0040557

111 Orte
in Dresden,
die man gesehen
haben muss

emons:

Bibliografische Information der Deutschen Nationalbibliothek
Die Deutsche Nationalbibliothek verzeichnet diese Publikation
in der Deutschen Nationalbibliografie; detaillierte bibliografische
Daten sind im Internet über http://dnb.d-nb.de abrufbar.

© Hermann-Josef Emons Verlag
Alle Rechte vorbehalten
© der Fotografien: Gabriele Kalmbach
© Fotografie S. 19: Sándor Dóró
© Fotografie S. 71: Werner Lieberknecht, Deutsches Hygiene-Museum
© Fotografie S. 87: Thomas Baumhekel
© Fotografie S. 105: Schlösserland Sachsen
© Fotografie S. 109: Grünes Gewölbe, Staatliche Kunstsammlungen Dresden,
Jürgen Karpinski
© Fotografie S. 157: Sylvio Dittrich
© Fotografie S. 179: Schulmuseum Dresden
Gestaltung: Eva Kraskes, nach einem Konzept
von Lübbeke | Naumann | Thoben
Kartografie: Regine Spohner
Druck und Bindung: Grafisches Centrum Cuno, Calbe
Printed in Germany 2012
ISBN 978-3-89705-909-2
Originalausgabe

Unser Newsletter informiert Sie
regelmäßig über Neues von emons:
Kostenlos bestellen unter
www.emons-verlag.de

Vorwort

Dresden ist ein Barockjuwel, gewiss, und August der Starke war ein kunst- und prunkliebender Kurfürst und König. Wo aber wird noch an den Odol-König erinnert? Und wo steht der sächsische Mount Everest? Wussten Sie, wer die Windrichtung auch im Innern seines Landguts bestimmen konnte? Welche Pflanze über London aus Japan nach Dresden kam? Wo einst Makkaroni fabriziert wurden? Welcher Stadtteil ein echtes Sackgassendorf ist? Was die Senfbüchse mit Eisgang auf der Elbe zu tun hat und was Carl Maria von Weber mit Michael Jackson? Welche Brücke es dem »Brücke«-Maler Ernst Ludwig Kirchner besonders angetan hatte? Informative Geschichten und originelle Fotos weisen den Weg zu außergewöhnlichen oder versteckten Orten, zu gläsernen Menschen, roten Amseln, Storchennestern und Schmetterlingen.

Man muss nicht in Dresden aufgewachsen sein, um zu verstehen, was die Stadt so besonders macht. Auch Zugezogene machen sie zu ihrer Herzensangelegenheit – das ist hier einfach so. In Dresden gibt's Barock und Platte, Fabrikanlagen und Villenviertel, Provinzielles und Großstädtisches, Altlasten und Schmuckstücke, Kopfsteinpflaster und Autobahnen, Elbwiesen und Waldschlösschenbrücke. Genau diese »Dresdner Mischung«, die Offenheit der Stadt und ihre Vielfalt, ist ihr Kapital. »Auferstanden aus Ruinen und der Zukunft zugewandt«, wenn diese Zeile der einstigen DDR-Hymne irgendwo zutrifft, dann in Dresden.

Radebeul haben wir einfach eingemeindet, weil Dresden und die Nachbarstadt ineinander übergehen. Genauso gern hätten wir auch noch Pirna, Meißen und Moritzburg eingemeindet – vielleicht im nächsten Band. Hier erst einmal 111 unterhaltsame und spannende Fundstücke, zugleich 111 Anregungen, Unbekanntes und Überraschendes zu entdecken. Nu!

111 Orte

1 Der Alexander-Puschkin-Platz

Ein Platz für die deutsch-sowjetische Freundschaft

Nicht nur im Osten, überall werden Plätze und Straßen umbenannt. Politische Systeme, lokale Wohltäter, das öffentliche Interesse, sogenannte »Bereinigungen« oder die Political Correctness – was fordert nicht alles seinen Tribut! Dass 2009 in Berlin deutsche Straßen nach Migranten benannt wurden, war allerdings dem einen oder anderen Journalisten eine Meldung wert. Ein Schelm, wer Böses dabei denkt!

Die Umbenennungsbürokratie kommt aber meist nur schwer in Gang – dass etwa der Frauenanteil bei den Dresdner Straßennamen erhöht wird, ist bisher nur ein Wunsch von Stadt, Gleichstellungsbeauftragten und Frauenstadtarchiv. Trotzdem kann die eine oder andere Dresdner Straße viel vom Lauf der Welt erzählen.

Alexander Puschkin ist jedenfalls kein Wendehals, und auch als Kriegsgewinnler muss er sich nicht bezeichnen lassen, denn die viel befahrene, nach ihm benannte Kreuzung ist als Platzanlage nicht der Rede wert. Seinen jetzigen Namen erhielt der einstige Erfurter Platz 1949, als auch die frühere Villa Grumbt zum »Haus der Deutsch-Sowjetischen Freundschaft« umgewidmet wurde, und entsprang dem Streben der DDR nach politischer, wirtschaftlicher und kultureller Annäherung an die Sowjetunion in der Nachkriegszeit. Der benachbarte Kleingärtnerverein entschied sich 1953 bei der Namenswahl doch lieber für »Am Erfurter Platz e.V.«. Dafür rockt der Puschkin-Club mit Technopartys auf dem Schlachthofgelände gegenüber.

Und der geehrte russische Dichter selbst? Ob er zu seinen Lebzeiten an Dresden interessiert war, etwa als Sachsen nach den napoleonischen Kriegen zum russisch-preußischen Generalgouvernement erklärt worden war und Fürst Nikolaus Repnin-Wolkonski als Gouverneur im Brühlschen Palais residierte? Statt Puschkin kam 1867 Dostojewski für längere Zeit nach Dresden, aber das ist eine andere Geschichte – und eine Dostojewskistraße gibt's ja in Loschwitz.

Adresse 01127 Dresden-Leipziger Vorstadt | **ÖPNV** Straßenbahn 4, 9, Haltestelle Alexander-Puschkin-Platz | **Tipp** Vom Platz sind es nur wenige Schritte zum Gelände des Alten Schlachthofs (siehe Seite 14). In der Grumbt'schen Villa, einem prächtigen historisierenden Bau mit Freitreppe und Wintergarten, residiert heute ein Möbelhaus.

2 Die Alte Mensa

Ein Schlüsselanhänger namens Emeal

»Angebot: drei Komplettgerichte, davon eins fleischlos«. Das hört sich nach keinerlei Raffinesse an, weder nach kulinarischen Ambitionen noch nach einer Überdosis Stilwillen. Auch die Zahlen prosaisch: 800 Sitzplätze in vier Mensasälen, 100 Plätze in der Cafeteria. Da bekommen »250 Außenplätze auf drei Terrassen« eine geradezu poetisch-lyrische Note, oder?

Selbst die Geschichte der Alten Mensa fasst das Studentenwerk auf der eigenen Website in dürren Zahlen und Worten zusammen – ein Satz reicht: »Am 15.11.1925 eröffnet, bis 1959 zur jetzigen Größe erweitert, von Februar 2004 bis Dezember 2006 in Sanierung, am 15.01.2007 wieder eröffnet.«

Nun gut, der Internetpräsenz geht es um den Service für Studenten, vom Wohnungsangebot bis zum Mensa-Speiseplan eben. In der eigenen Zeitung SPIEGEL-EI wird das Studentenwerk dann doch etwas emotionaler: Ausgabe Nr. 11/2011 würdigt nicht ohne Stolz den erreichten zweiten Platz in der Kategorie »Geschmack« beim bundesweiten Wettbewerb »Mensa des Jahres 2011«.

Denn die Alte Mensa ist nicht nur dank neuer Küchentechnik und »Frontcooking« im glasüberdachten Innenhof de facto eine neue Mensa. Auch kulinarisch ist die Küchenbrigade up to date mit »Auflauf & Gratin, Pizza & Pasta, Grill & Wok, Topf & Terrine, Salat- und Dessertbuffet«. Bezahlt wird übrigens mit E*meal*, früher eine Schlüsselanhängerlösung. Aber weil Dresden mit der Technik allein blieb, gibt es seit 2010 eine Karte – als wäre das Portemonnaie nicht schon voll genug!

Über den zu Recht errungenen Gastro-Lorbeeren sei nicht vergessen: »Alt« an der Mensa ist die schöne Ausstattung im Stil der 1950er Jahre, die aufwendig saniert wurde – nicht nur der Säulensaal ist sehenswert. Kein Wunder, dass die Mensa sich riesigen Zuspruchs erfreut: Etwa 5.500 Portionen werden pro Tag ausgegeben. So leer wie auf dem Foto ist der Säulensaal mittags nur bei Feueralarm!

Adresse Mommsenstraße 13, 01069 Dresden-Südvorstadt/Räcknitz, www.studentenwerk-dresden.de | **ÖPNV** Bus 66, Haltestelle Mommsenstraße | **Tipp** Die windkinetische Skulptur an der Freitreppe vor der Alten Mensa stammt von Rolf Lieberknecht. Dem Gewimmel der Studenten setzt sie ihre sehr langsame Bewegung entgegen.

3 Der Alte Schlachthof

Eine Ton- und Liederhalle aus der Gründerzeit

Tagsüber ist hier nichts los, allenfalls dringt das Trommeln eines Schlagzeugers durch dicke Wände. Offensichtlich dienen die Hallen an der Leipziger Straße nicht nur gewerblichen Zwecken oder stehen leer, sondern fungieren auch als Probenräume. Google Maps versieht den Eintrag »Alter Schlachthof« mit einem Notenzeichen, und tatsächlich: »Concerts & Events« steht da auf dem Firmenschild unter »Alter Schlachthof«.

Bernd Aust hat den Namen zum Markenzeichen gemacht. Das Hauptgebäude des sanierten Industriedenkmals ist als Konzert-, Event- und Partyhalle ein Begriff auch über die Stadtgrenze Dresdens hinaus. Der Konzertveranstalter und Eventmanager ist selbst Musiker, er studierte an der Hochschule für Musik in Dresden und gehört zu den Gründungsmitgliedern der Rockgruppe »electra«. Ihren 40. Geburtstag hat die Dresdner Band 2009 allerdings im Kulturpalast gefeiert.

Weitere Hallen des einstigen Viehmarkts und ersten zentralen städtischen Schlachthofs sind teilweise auch saniert, dämmern aber vor sich hin. Selbst der neue Schlachthof im Ostragehege am anderen Elbufer wird nicht mehr als solcher genutzt, er dient heute als Messegelände und auch schon mal für die Ostrale: Anlässlich dieser Ausstellung für zeitgenössische Kunst werden Schweinehalle, Eselstall, Fettschmelze, Kühlhaus und Trümmerberg (siehe Seite 206) zu Kunstorten. Seine Inbetriebnahme führte zur Schließung des Alten Schlachthofs im Jahr 1907. Entsprechend lange erfüllen die hier ab 1871 errichteten Zweckbauten an der Leipziger Straße schon nicht mehr ihre Funktion. Über 100 Jahre diente der Komplex keiner dauerhaften handwerklichen oder industriellen Nutzung, die zu einem neuen Namen für das Gelände geführt hätte. Im 20. Jahrhundert wurde das Areal von verschiedenen Betrieben vornehmlich als Lager genutzt, seit 1998 sind die Konzerte ein wichtiger Posten im Dresdner Veranstaltungskalender.

Adresse Gothaer Straße 11, 01097 Dresden-Leipziger Vorstadt, www.alter-schlachthof.de | **ÖPNV** Straßenbahn 4, 9, Haltestelle Alter Schlachthof | **Tipp** Auch der Neustädter Elbhafen steht unter Denkmalschutz. Zuletzt Winterhafen für die Passagierdampfer (siehe Seite 162), soll er Teil einer Elbuferpromenade werden. Am Hafenbecken steht die überlebensgroße Bronzeplastik »Lastenträger« (1893) des belgischen Bildhauers Constantin Meunier.

4___Altmickten

Ein sächsischer Rundling

Das Land östlich der Elbe war bis ins 13. Jahrhundert hinein vorwiegend von Slawen besiedelt, und das spiegelt sich auch in den Ortsnamen wider. Selbst der Name Dresden ist slawischen Ursprungs – es geht auf Drezdany zurück, eine Wortzusammensetzung mit »Sumpf-« oder »Auenwald«. In Tschechien und der Slowakei heißt Dresden noch heute Dráždany. Auch den Namen Poyritz, Pillnitz, Sedlitz und Tolkewitz sieht man ihr sprachliches Erbe auf den ersten Blick an: Die oft auftretenden Endungen -ritz, -nitz, -litz und -witz gehen auf slawische Wurzeln zurück.

In Mickten wiederum lässt sich ein slawischer Ursprung der Siedlungsform ablesen. Rund um den lang gezogenen Dorfanger des ehemaligen Fischer- und Winzerdorfs gruppieren sich bäuerliche Hofanlagen zu einer Art Wagenburg. Nach einem Großbrand im 19. Jahrhundert wurden die meisten Gehöfte auf altem Grundriss und in alter Lage wiederaufgebaut, viele mit Fachwerk. Slawischer Rundling nennt man solche Weiler, wenn die Anwohner sich rund um einen zentralen Platz anordnen, und Sackgassendorf, wenn es nur eine Zufahrt gibt. Gerade in Dresden mit seinen teilweise spät eingemeindeten Vororten gibt es noch zahlreiche gut erhaltene Dorfkerne, darunter auch weitere Rundlingsdörfer, etwa Altcoschütz (siehe Seite 88). Und insbesondere Altkötzschenbroda ist mit seinen urigen Weinkneipen und hübschen Geschäften ein beliebtes Ausflugsziel in Radebeul geworden – rund um den extrem langen Dorfanger wird gern gefeiert.

Zu einem richtigen Dorf gehört ein richtiger Gasthof. Schon 150 Jahre besitzt das Gasthaus zur Linde das Schankrecht. Unter Linden sitzt man draußen im Biergarten und schaut über die Elbe hinüber zur gläsernen Kuppel der Yenidze. Oder man lässt es sich drinnen in der rustikalen Gaststube beim Schnitzel gut gehen, das es auf Wunsch auch in kleiner Ausführung gibt. Den Slawen sei Dank, dass es solche hübschen Flecken an der Elbe gibt!

Adresse 01139 Dresden-Mickten | **ÖPNV** Straßenbahn 9, 13, Haltestelle Trachauer Straße | **Tipp** Nach Altkötzschenbroda sind es über die Kötzschenbrodaer Straße nur knapp acht Kilometer.

5 Das Androgyn-Mobil
Ein Laboratorium für Bioingenieure

Von wegen »Tal der Ahnungslosen«! »Stadt der klugen Köpfe« wäre das bessere Attribut, denn Dresden hat mehr Forschungseinrichtungen und Wissenschaftsinstitute aufzuweisen als fast jede andere deutsche Großstadt. Neben der TU gibt es Einrichtungen der DFG und der Fraunhofer-Gesellschaft, Leibniz- und Max-Planck-Institute. Hier werden Gene entschlüsselt, wird an Krebstherapien und Mikrochips oder den Grundlagen der Kernphysik gearbeitet.

Grundlagenforschung wird auch im Max-Bergmann-Zentrum für Biomaterialien betrieben, das vom Leibniz-Institut für Polymerforschung und der TU gemeinsam im Jahr 2002 gegründet wurde. Für den Laborneubau der Forschungseinrichtung hat Sándor Dóró ein mehr als 13 Meter hohes Kunstwerk über mehrere Etagen im Treppenhaus installiert – mittels Motoren und Pumpen wird farbiges Öl in den doppelwandigen Elementen bewegt. Der gebürtige Ungar hat in Dresden Kunst studiert und gelehrt, lebt im Künstlerhaus Loschwitz und hatte zuvor schon beim Neubau der JVA Dresden für »Kunst am Bau« gesorgt.

»Molecular Bioengineering« heißt das Metier des Zentrums, und aufschlussreich ist, dass es zur Fakultät Maschinenwesen gehört – es geht um die Anwendung der Ingenieurwissenschaften auf Zellen und Mikroorganismen. Längst hat sich die Mikrobiologie zur Nanotechnik entwickelt, also zur Molekular- und Atomebene in nicht mehr vorstellbar kleinem Maßstab. Und desgleichen hat man sich von der einstigen Trennung der Disziplinen Physik, Chemie und Biologie verabschiedet. Die Forschung an der Schnittstelle von Biochemie, Biophysik und Bioinformatik, Technik und Medizin gilt als eine der zehn Spitzentechnologien des 21. Jahrhunderts. Sicher ist: Wer den multidisziplinären Masterstudiengang Bioengineering absolviert hat, auf den warten qualifizierte Jobs in der Pharmaindustrie und der Biomedizin, der Medizintechnik, Lebensmittelindustrie und Umwelttechnologie.

Adresse Max-Bergmann-Zentrum für Biomaterialien, Budapester Straße 27, 01069 Dresden-Südvorstadt-West | **ÖPNV** Straßenbahn 7, 10, Haltestelle Budapester Straße | **Tipp** Vom Institut sind es nur ein paar Schritte zum Hauptbahnhof (siehe Seite 80).

6 _ Der Artesische Brunnen

Im Schatten des DVB-Hochhauses

Ein Monopteros ist kein Tier, auch wenn in Dresden allerhand Viehzeug sein Unwesen treibt und ja beinahe Rhinolophus hipposideros, eine Fledermaus, den Bau der Waldschlösschenbrücke verhindert hätte. Das griechische »Monopteros« bezeichnet als kunsthistorischer Begriff einen Rundbau mit Säulen. Schon in den 1830er Jahren wurde der Artesische Brunnen am Albertplatz gebohrt, um die Neustadt mit Wasser zu versorgen. Weil das Wasser mit fast 18 Grad Celsius durch natürlichen Druck aus der Tiefe steigt, sprudelt der Brunnen auch im Winter.

1906 setzte Hans Erlwein das Tempelchen darüber. In seiner Amtszeit prägte der einflussreiche Stadtbaurat mit weit über 100 Bauten das Stadtbild Dresdens. Während er für seine Zweckbauten – Gasspeicher, Speicherhäuser, Schulen, Feuerwachen, Schlachthof, Wasserwerk Hosterwitz und Kläranlage Kaditz – Klarheit und Schlichtheit beanspruchte, gab er hier dem Historismus den Vorzug – in der sehr reizvollen Form des Monopteros.

Gleich dahinter setzt das erste Hochhaus Dresdens, 1929 für die Sächsische Staatsbank errichtet, einen Kontrapunkt zum antikisierenden Brunnenhaus. Jahrelang hatten in dem knapp 40 Meter hohen Gebäude die Dresdner Verkehrsbetriebe ihren Sitz, jahrelang stand es danach leer. An die kostspielige Sanierung des denkmalgeschützten Baus hatte sich kein Investor herangetraut – jetzt ist eine große Handelskette im Gespräch. Kantig und selbstbewusst überragte der Stahlbeton-Skelettbau zu seiner Erbauungszeit den Albertplatz, der mit den strahlenförmig abzweigenden Straßen damals als einer der schönsten Rundplätze Deutschlands galt. Das Hochhaus im Stil der Neuen Sachlichkeit markierte den architektonischen Aufbruch Dresdens von den historistischen Gründerzeitvillen zur modernen Großstadt. Manches von damals gibt es nicht mehr, das große Alberttheater wurde abgerissen. DDR-Platte kam hinzu. Aber genau das macht die Dresdner Mischung aus.

Adresse Albertplatz, 01099 Dresden-Neustadt | **ÖPNV** Straßenbahn 3, 6, 8, 11, Halte-stelle Albertplatz | **Tipp** Direkt auf dem Albertplatz hält sich wacker auch die große, unter Naturschutz stehende Platane mit dem in den Boden eingelassenen Wurzel-Werk (siehe Seite 228).

7 __ Die Autofähre Pillnitz-Kleinzschachwitz

Von hüben nach drüben und zurück

Mangels Brücken existieren an der Elbe zahlreiche Fähren, allein zwischen Dresden und der tschechischen Grenze gibt es auf 52 Flusskilometern mehr als ein Dutzend Fährstellen, also etwa alle vier Kilometer eine. Beim Elbekilometer 43,5 – die Zählung beginnt an der tschechischen Grenze – übernimmt die Schlossfähre den Transport von hüben nach drüben.

Bei der Überfahrt sieht man flussaufwärts die einzige Dresdner Elbinsel, dabei gab es Anfang des 19. Jahrhunderts noch mehr als ein Dutzend. Bei der Flussregulierung wurden sie weitgehend beseitigt. Erst in Magdeburg und an der Unterelbe, im Hamburger Binnendelta, gibt es weitere. Am Oberlauf wurden die Pillnitzer Insel und ihr Pendant bei Coswig, die Gauernitzer Elbinsel, unter Naturschutz gestellt. Das Betreten ist verboten! Die Pillnitzer Insel, seit 1924 unter Naturschutz, war eines der ersten Landschaftsschutzgebiete Sachsens. Schon über 85 Jahre kann sich das Biotop urwüchsig und weitestgehend ungestört von menschlichen Eingriffen entwickeln.

Ihre kurfürstliche Vergangenheit sieht man der Autofähre nicht mehr an. 1721 als »Fliegende Fähre« eingerichtet, transportierte ein Katamaran mit aufgesetzter Plattform Material und sogar beladene Fahrzeuge für den Bau von Schloss Pillnitz. Dieser Fährtyp, auch Gierseilfähre genannt, nutzt die Flussströmung mittels eines langen Drahtseils zur Fortbewegung (erst seit den 1990er Jahren wird auf das Gierseil verzichtet). Außer dem Transportvehikel wurden drei Gondeln angeschafft (siehe Seite 74). Zunächst verkehrte die Privatfähre des sächsischen Herrscherhauses nur in den Sommermonaten, wenn sich der Hof in Pillnitz aufhielt, und aus Sicherheitsgründen wurde sie durch eine Militäreinheit betrieben. Ab 1842 wurde aus der Schlossfähre ein ganzjähriger Fährverkehr, den sich Hofmarschallamt und ein Laubegaster Fährmeister teilten.

Adresse Leonardo-da-Vinci-Straße, 01326 Dresden-Pillnitz, und Berthold-Haupt-Straße, 01259 Dresden-Kleinzschachwitz | **ÖPNV** Bus 63, Haltestelle Leonardo-da-Vinci-Straße, oder Straßenbahn 2, Haltestelle Kleinzschachwitz | **Tipp** Der Gondelverkehr in Pillnitz bestand noch bis Ende des 19. Jahrhunderts. Auch Schwarzpappeln fühlen sich auf der Pillnitzer Insel wohl (siehe Seite 24).

8 Die Babisnauer Pappel
Das Elbtal von oben

Wie eine landläufige Pappel sieht sie mit ihrer knorrigen, vom Wind zerzausten Statur nicht aus. 1808 vom Bauern Johann Gottlob Beck gepflanzt, wie eine Tafel an ihrem Stamm verrät, diente sie ursprünglich als Grenzmarkierung. Auf 330 Metern über NN bietet der über 200 Jahre alte Baum einen wunderbaren Panoramablick vom kahlen Zughübel. Kein Wunder, dass der schöne Aussichtspunkt auch ein beliebtes Wanderziel ist.

Trotz ihrer exponierten Lage hat die Landmarke Stürme und Wettereinbrüche überstanden. Aus der Ferne sieht man es der Silhouette nicht gleich an, aber eigentlich sind es zwei Bäume: Die Bismarck-Eiche hat fast die Größe der Pappel. Das Babisnauer Exemplar ist eine Schwarzpappel, mit lateinischem Namen Populus nigra. Die echte Schwarzpappel findet ideale Bedingungen in ungezähmten Flussauen und feuchten Auwäldern mit ihren periodischen Überschwemmungen. Weil ihr natürlicher Lebensraum aufgrund der Flussregulierungen verschwand, ist auch der Baum selten geworden und steht auf der Roten Liste der gefährdeten Pflanzen − in Sachsen gibt es weniger als 200, in Deutschland etwa 3.000 Exemplare. Und seit vor 300 Jahren die Amerikanische Schwarzpappel eingeführt wurde, werden beide häufig verwechselt. Die Arten kreuzen sich untereinander, sodass eine Unterscheidung ohne Genanalyse nicht möglich ist.

2006 wurde die Schwarzpappel zum Baum des Jahres gekürt. Das passt! Denn das Naturdenkmal wird betreut von der Regionalgruppe »Goldene Höhe«, und als Teil des Landesvereins Sächsischer Heimatschutz kümmern sich die Mitglieder noch um eine Reihe anderer Bäume am alten Bahndamm von Bannewitz. Eine tolle Idee für Baumliebhaber: Auf der Trasse der 1951 stillgelegten Windbergbahn von Dresden nach Possendorf entstand der Lehrpfad »Baum des Jahres«. Fast vollständig wurden hier die zum Baum des Jahres gewählten Arten gepflanzt, von der Stieleiche (1989) bis zur Elsbeere (2011).

Adresse zwischen Babisnau und Golberode, 01731 Kreischa | **Anfahrt** A 17, Abfahrt Dresden-Prohlis, in Goppeln Richtung Golberode | **Tipp** Der Lehrpfad »Baum des Jahres« reicht von Bannewitz bis zum Marienschacht mit dem Malakoff-Förderturm, der am Tag des offenen Denkmals und einigen Sonntagen im Sommerhalbjahr für Besucher geöffnet wird.

9 Die Bahnbögen-Galerie
Muralismo in der Vorstadt

Glühbirnen tanzen wie beseelt an Strommasten. Neben einer giftgrünen Spraydose legt ein DJ Platten auf. Der goldene Reiter kollidiert mit einem Fahrscheinautomaten der DVB. Dazwischen alte Lokomotiven und die Loschwitzer Bergbahn.

Eigentlich ist die Gegend nahe dem Bahnhof Mitte eher unwirtlich. Entlang den Bahnanlagen verlaufen auf beiden Seiten viel befahrene Straßen. Auch die Könneritzstraße macht keinen einladenden Eindruck – da fallen die farbigen Bilder in den Bahnbögen umso mehr auf. Von der Frechheit mancher Street-Art ist hier aber wenig zu sehen. Wie die Wandmalereien, die Murals, an den DREWAG-Häuschen (siehe Seite 52) sind es Auftragsarbeiten: Auf Initiative der Deutschen Bahn AG zeigt eine Reihe von Murals Dresden als Stadt der Technik (Bahn, Flugverkehr, Schiffsverkehr, Stadtverkehr). Andere der mehr als 40 Bahnbögen enthalten Motive aus Dresden und der Umgebung.

Auch andere Unternehmen wie Nike oder Sony greifen Straßenkunst als Werbemittel auf, das als solches nicht sofort zu erkennen ist. Trotz der immer wieder aufflammenden Diskussion zum schwierigen Spagat zwischen Untergrundkunst und Kommerz haben sich die Grenzen zwischen der Populärkultur der Straße und Auftragsarbeit sowie zwischen Gesellschaft und Subkultur verwischt. Ins weite Spektrum der Street-Art fließen dabei verschiedene Kunst-Strömungen wie die russische Plakatpropaganda, amerikanische Pop-Art oder mexikanische Murales ein. Von Großstädten dagegen wird Muralismo – also Wandmalerei im öffentlichen Raum – gern eingesetzt, um triste Stadtquartiere aufzuwerten. In Berlin etwa dienen Murals in Problemvierteln auch als Qualifizierungs- und Beschäftigungsmaßnahme für arbeitslose Jugendliche. In Dresden haben Langzeitarbeitslose die Mauerkunstwerke geschaffen, zusammen mit dem Jugendtreff »Altstrehlen«. Da ergänzen sich Werbung und soziales Engagement auf das Feinste.

26

Adresse Könneritzstraße, 01067 Dresden-Wilsdruffer Vorstadt | **ÖPNV** Straßenbahn 1, 2, 6, 10, Haltestelle Bahnhof Mitte | **Tipp** Während die schöne Großmarkthalle noch im Dornröschenschlaf dämmert, ist in Teile des alten Kraftwerks das Dresdner Energiemuseum eingezogen.

10 Der alte Bahndamm
Ein Radweg im Hochland

1908 erhielt das Schönfelder Hochland Eisenbahnanschluss durch den Bau der Hochlandbahn. Um möglichst viele Orte an die Strecke anzuschließen, verlief die Bahnlinie in Bögen von Dürrröhrsdorf aus über Porschendorf, Wünschendorf, Eschdorf, Schullwitz, Schönfeld und Cunnersdorf nach Weißig. Vorrangig diente sie dem Gütertransport, für den Personenverkehr wurden aber Wagen angehängt. Die wirtschaftliche Entwicklung in dem Gebiet voranzutreiben gelang jedoch nur teilweise. Bis in die Gegenwart blieb die Region landwirtschaftlich geprägt. Anfang der 1950er Jahre war die Ära der Lokalbahn wieder zu Ende – die Strecke wurde stillgelegt und die Schienen abgebaut. Der Bahndamm blieb, und dass die knapp 15 Kilometer lange Strecke nicht mit dem Lineal gezogen wurde, macht sie als »Radweg Schönfelder Hochland« nur attraktiver. Direkt vor der Haustür Dresdens kann man in eine ländliche Gegenwelt zur Großstadt eintauchen, Platte und Industriebauten sind aus dem Blickfeld verschwunden.

Wenn heutzutage nicht gleich klar wird, was die Hochlandbahn eigentlich womit verbunden hat: Zur Zeit der Streckeneröffnung war das noch anders. Zeitgleich wurde die damalige Straßenbahnlinie 11 von Bühlau bis Weißig verlängert, zudem lag Dürrröhrsdorf an der bereits seit 1877 verkehrenden Eisenbahnlinie Pirna–Arnsdorf.

Nicht direkt am Radweg, aber nahe bei Dürrröhrsdorf, ist der Turm auf der Schönen Höhe ein beliebtes Ausflugsziel. 1831 ließ Johann Gottlob von Quandt (1787–1859) den Grundstein für das turmartige Belvedere legen, das als frühestes Goethedenkmal Deutschlands gilt. Der gebürtige Leipziger, ein einflussreicher Kunstliebhaber, Mäzen und Goetheverehrer, verbrachte die letzten 30 Jahre seines Lebens im Dittersbacher Schloss. Viele zeitgenössische Künstler wie Ludwig Richter und Julius Schnorr von Carolsfeld wurden von Quandt gefördert, indem er ihnen Aufträge und Ausstellungen verschaffte.

Adresse 01833 Dürrröhrsdorf bis 01328 Dresden-Weißig, nordöstlich von Dresden | **Anfahrt** über die B 6, je nach Startpunkt für die Radtour abbiegen. Mit einer Umgebungskarte 1:50.000 kann man die Strecken- zur Rundtour erweitern. | **Tipp** Sehenswert entlang der Strecke ist auch das Neorenaissance-Schloss in Schönfeld, ursprünglich eine Wasserburg.

11__ Der Ballsaal
Nostalgietrip in die Belle Époque

Die vorletzte Jahrhundertwende war nicht nur in Frankreich eine Belle Époque, eine Zeit der rauschenden Feste für die oberen Zehntausend sowie der bürgerlichen Tanzvergnügen. Auch in Deutschland brachte die Zeit um 1900 eine Blüte der Ballhauskultur. In Dresden sind noch eine ganze Reihe bürgerlicher Tanzsäle erhalten, viele reich geschmückt mit Stuckdecken, Wandmalereien und Stuccolustro, dem damals beliebten Kunstmarmor, oder dem ebenso modischen Gusseisen: im Orpheum, im Brauhaus Watzke (die Leipziger Straße war so etwas wie die Ballhausmeile), im Parkhotel am Weißen Hirsch, im Plaza Hotel Lindengarten an der Königsbrücker Straße, aber auch in Klotzsche und Kleinzschachwitz.

Der Ballsaal im Königshof wird für Events jeder Art genutzt, vom Konzert bis zum Krimidinner. Knapp 300 Quadratmeter groß und 7,70 Meter hoch, stammt er noch aus der Erbauungszeit des Hotels, dem Jahr 1888. Wer hier von einem Tanzboden spräche, würde dem Ambiente in keiner Weise gerecht: Bunte Decken- und Wandmalereien im Stil der Neorenaissance, vergoldeter Stuck und große Kronleuchter sorgen für einen festlichen Rahmen, auch ohne dass Tische mit Damast, Kristall, Silber und Blumenpracht eingedeckt wären. Eine Bühne hat der Saal auch, für das musikalische Gelingen sorgten einst kleine Tanzkapellen und Salonorchester.

Denn ein Ballsaal ist zum Tanzen da. Während die bessere Gesellschaft glanzvolle »Subscriptionsbälle« gab, zu denen man schriftlich um Einladung ersuchen und im Voraus eine beträchtliche Summe entrichten musste, gehörten die öffentlichen Tanzsäle meist zu Gastwirtschaften. Hier ging es zwar nicht steif, aber gesittet zu: Die Bälle wurden von Vortänzern arrangiert und durch Tanzordnungen geregelt. Handbücher guten Benehmens schrieben korrekte Kleidung und Umgangsformen vor und unterschieden erlaubte von unerlaubten Tänzen. Ein beliebtes Vergnügen war es aber offensichtlich dennoch.

Adresse Hotel Königshof Dresden, Kreischaer Straße 2, 01219 Dresden-Strehlen, www.dormero-hotel-dresden.de | **ÖPNV** Straßenbahn 9, 13, Haltestelle Wasaplatz | **Tipp** Im Watzke (siehe Seite 38), im Parkhotel (siehe Seite 102) und im Gare de la Lune in Wachwitz kann auch heute noch in Ballsälen getanzt werden.

12 Die Bautzner Straße

Gedenkstätte für die Opfer der Stasi

Mit diesem Gebäude wird man sich wohl nie anfreunden können. Was hier einst vor sich ging, steht bedrückend im Raum. Wer die Gedenkstätte Bautzner Straße betritt, wird unwillkürlich ein Schaudern verspüren, noch bevor er die erklärenden Texte liest. So harmlos sie in Schreibmaschinenschrift auf einfachen weißen Zetteln an den Türen und Wänden kleben, so konkret wird die Geschichte hier vor Ort.

Das Ministerium für Staatssicherheit unterhielt auch in der Bezirksverwaltung Dresden ein Untersuchungsgefängnis. Der scheinbar neutrale Ausdruck ist irreführend: Ohne Klärung der Schuldfrage wurden missliebige Personen inhaftiert, auch Ausreisewillige nach entdeckten Fluchtversuchen und Systemgegner festgehalten, und die Verhörmethoden der Stasi machten jede »Untersuchung« zur Tortur. Das Hafthaus mit den Zellentrakten befindet sich noch weitgehend im Originalzustand. Neben den Zellen sind auch der Aufnahmeraum und ein Vernehmungsraum, Duschräume, Arresträume sowie der Freigangbereich und eine Schreibzelle in ihrem ursprünglichen Zustand erhalten. In den Zweierzellen – sie spartanisch zu nennen wäre noch übertrieben – gab es zwar Wasserklosetts und Heizung, beides war aber nur von außen von den Wärtern zu bedienen. Statt eines Fensters ließen Glasbausteine nur Dämmerlicht in die Zelle.

Durch den »Fuchsbau«, einen Verbindungsgang, gelangt man zu den Kellerräumen, die ab 1945 durch den sowjetischen Geheimdienst genutzt wurden. Anhand der Schicksale einzelner Gefangener kann nachvollzogen werden, wie politische Häftlinge jahrelang unter unmenschlichen Bedingungen gefangen gehalten wurden und was sie nach der Verurteilung in den sowjetischen Lagern erwartete.

Kleinere Spezialausstellungen dokumentieren die politische Verfolgung regimekritischer Studenten an sächsischen Hochschulen in den 1950er Jahren und – exemplarisch für Kriegsgefangenenlager – das Lager Mühlberg.

Adresse Gedenkstätte Bautzner Straße 112a, 01099 Dresden-Radeberger Vorstadt, www.bautzner-strasse-dresden.de | **ÖPNV** Straßenbahn 11, Haltestelle Angelikastraße | **Öffnungszeiten** täglich 10–18 Uhr | **Tipp** Um sich in der Brauerei Waldschlösschen an kräftigen Getränken zu stärken und der eigenen Freiheit zu erfreuen, sind es nur ein paar Schritte.

13 Die Bergbahnen

Über 110 Jahre im Dienst

Endlich über allem schweben? Ganz einfach: in den Wagen der Berg-schwebebahn. Den einmaligen Blick von oben auf das malerische Elbtal erleichtert sie schon über 110 Jahre – die rüstige Konstruktion trotzte Wind und Wetter und den Höhen und Tiefen der Zeit.

Nicht nur das »Blaue Wunder« ist eine ingenieurtechnische Meisterleistung. Nur wenige Jahre nach der Loschwitzer Brücke wurde hier ab 1898 auch die erste Bergschwebebahn der Welt konstruiert und nach drei Jahren Bauzeit in Betrieb genommen. Allerdings schwebt sie nicht, sondern hängt. Auf knapp 280 Metern überwindet die Bahn 84 Höhenmeter, die Kabinenwagen hängen an einer genieteten Trägerkonstruktion und werden von einem dicken Stahlseil hinauf nach Oberloschwitz gezogen. Den Bau übernahm dieselbe Nürnberger Firma, die auch die Wuppertaler Schwebebahn anfertigte. Nicht nur bei ihrer Einweihung war die Bahn hochmodern: In den ersten Jahren wurde sie noch mit Dampf betrieben – im Maschinenhaus an der Bergstation gab es zwei Dampfkessel –, doch schon 1909 wurde auf Elektrobetrieb umgestellt. Zum 110-jährigen Jubiläum wurde einer der Wagen in seinen feuerroten Originalzustand von 1901 zurückversetzt. Gelb waren die Wagen erst seit 1912, nach der Eingliederung in das städtische Verkehrsunternehmen.

Auch die benachbarte Standseilbahn ist ein technisches Denkmal, sie wurde bereits 1895 eröffnet und führt vom Körnerplatz hinauf zum Luisenhof. Ursprünglich wurden sogar Pferde und Fuhrwerke damit transportiert. Knapp 550 Meter lang, überwindet sie wie eh und je die 95 Höhenmeter zur Ausflugsgaststätte hoch über dem Elbtal.

In der Bergstation veranschaulicht eine kleine Ausstellung Technik und Geschichte der Schwebebahn, an Wochenenden und Feiertagen können sich interessierte Besucher die Antriebstechnik der Standseilbahn erläutern lassen. Nach Anmeldung kann auch das Maschinenhaus der Schwebebahn besichtigt werden.

Adresse Körnerplatz und Pillnitzer Landstraße 5, 01326 Dresden-Loschwitz, www.dvb.de und www.dresdner-bergbahnen.de | **ÖPNV** Bus 61, 63, Haltestelle Körnerplatz | **Öffnungszeiten** Ausstellung zur selben Zeit wie Fahrbetrieb (etwa 9.30–20 Uhr), Anmeldung zu Führungen unter Tel. 0351/8572410 | **Tipp** An das beliebte Hotel Burgberg unweit der Standseilbahn erinnert eine Skulptur an der Gartenmauer der Alten Feuerwache Loschwitz. Der Künstler Detlef Schweiger gestaltete sie aus Fundstücken vom Burgberg.

14_ Die Bienertmühle

Brot und Schokolade in Plauen

Ein wichtiger Name in Plauen ist der der Familie Bienert. Keineswegs nur, weil auf dem Friedhof an der Auferstehungskirche ihr Grab zu finden ist. Der 1813 geborene Müller Gottlieb Traugott Bienert erwarb hier eine schon mehrhundertjährige Mühle. In den Anfängen noch ein Handwerksbetrieb, war die Bienertmühle bei seinem Tod ein industriell arbeitender Großbetrieb und einer der modernsten Europas. Als der Mühlenbesitzer, Industrielle und sozial engagierte Wohltäter im Jahr 1894 starb, galt er nach dem König als der reichste Mann in Sachsen, war von der Gemeinde Plauen zum Ehrenbürger ernannt und durch eine Büste neben dem Plauener Rathaus geehrt worden. Seinen beiden Söhnen hinterließ er ein florierendes Unternehmen.

Die alte Mühlentechnik ganz oben im Gebäude vermittelt am deutlichsten einen Eindruck davon, dass im Unternehmen keine Mühlenromantik mehr herrschte. Auf dem erst teilweise restaurierten Gelände ist noch vieles im Umbruch, innen gibt es gleich mehrere kleine Ausstellungen, etwa zur Geschichte Plauens und zur Geschichte des Blechdosenherstellers Anton Reiche, mit einer Sammlung alter Schokoladenformen. »Bienerts Laden« im Erdgeschoss, der alte Werksverkauf für das »Bienertbrot«, wird für Veranstaltungen und als Café genutzt.

Die »Schokorinne« vor der Bienertmühle, eine Installation von Birgit Schuh, bezieht sich auf die Plauener Schokoladenindustrie wie auf die Weißeritz. Im Oberlauf Wilde Weißeritz genannt, entspringt der Fluss im Osterzgebirge und entwickelt sich bei Schneeschmelze oder nach heftigen Regenfällen zum tosenden Strom. Zur Jahrhundertflut 2002 war auch sie wild geworden und verursachte verheerende Überschwemmungen. Dort, wo man sie Ende des 19. Jahrhunderts zwang, ihr angestammtes Bett zu verlassen und mittels einer künstlichen Rinne flussabwärts zur Elbe abzuknicken, brach sie aus, flutete Altstadt und Hauptbahnhof (siehe Seite 80).

Adresse Museum Hofmühle Dresden, Altplauen 21, 01187 Dresden-Plauen, www.mhd-dd.de, www.haifische-dresden.de | **ÖPNV** Bus 62, 63, Haltestelle Plauen | **Öffnungszeiten** Di–Do 16–18 Uhr, Sa, So 14–18 Uhr | **Tipp** »Biografisches in Koffern« heißt die kleine Ausstellung über Gret Palucca (siehe Seite 154). Von der Bienertmühle kann man durch den Plauenschen Grund hinauf zum Hohen Stein (siehe Seite 96) wandern.

15 Das Brauhaus Watzke

Unfiltriertes Stadtbier zum Goldbroiler

Spätestens seit die Semperoper von Touristen wegen eines Werbe-spots gelegentlich mit einer Brauerei verwechselt wird, ist klar: Aus Dresden und Umgebung kommt Bier! Aber eben nicht nur Rade-berger und Feldschlösschen. Bier wird auch im Brauhaus am Wald-schlösschen gebraut, und sogar das »Vollbier« der VEB Dresdner Brauereien aus DDR-Zeiten wurde in Radebeul wiederbelebt. Da darf auch ein Biobierbrauer nicht fehlen – im Sortiment der Neu-städter Hausbrauerei, die sich lokalpatriotisch zeigt, tummeln sich Hecht Alt, Elbhang Rot, Hufeisennase und Wilder Mann.

Schon 1838 hatte der Branntweinbrenner Karl Josef Watzke eine Schankwirtschaft in Pieschen und eine Konzession für den Alko-holausschank erworben. Das heutige Brauhaus mit Biergarten und prächtigem historischen Ballsaal ließ ein Spross der Familie Ende des 19. Jahrhunderts als »Watzke's Concert- und Balletablissement« direkt an der Elbe erbauen. Der große Tanzsaal im Obergeschoss ist ohne Übertreibung einer der schönsten Ballsäle in Dresden – mit Deckengemälde, Konzertbühne, imposanten Säulen und originalge-treu nachgebildeten Kronleuchtern.

Seit 1996 wird eigenes Bier gebraut. Wie andere bei der Be-schreibung guter Weine lyrisch werden, kennt man im Watzke die feinen Geschmacksnoten von Bier: malzblumig, raucharomatisch, Karamell- oder Hopfennote. Ganzjährig gibt es Pils und Altpies-chener Spezial, aber auch sogenannte Monatsbiere werden angesetzt, was zeigt, dass der Hausbrauer Ulf Klimmer Lust hat, Neues auszu-probieren: Watzkes Goldbock, Watzkes Rauchbier, Dunkles Wei-zen, Honigbräu, Winterbier …

Mitten im vorderen Gastraum wird in den Sudkesseln das unfil-trierte Stadtbier gebraut. Das naturtrübe Getränk ist nicht nur be-liebt, bekömmlich ist es auch – so wie sich H-Milch von Milch frisch von der Kuh unterscheidet, so verhält sich's auch beim Bier: Das Un-filtrierte hat mehr Vitamine und Mineralstoffe.

Adresse Kötzschenbroder Straße 1, 01139 Dresden-Mickten, www.watzke.de | ÖPNV Straßenbahn 4, 9, Haltestelle Altpieschen | **Tipp** Schöne Ballsäle besitzen auch das Parkhotel am Weißen Hirsch (siehe Seite 102) und das Hotel Königshof in Strehlen (siehe Seite 30).

16 Das Brückenmännchen

Da waren's nur noch neun

Wahrscheinlich gegen Ende des 12. Jahrhunderts am Elbübergang erbaut, zählte die Augustusbrücke neben der Regensburger Donaubrücke im Mittelalter zu den bekanntesten Brücken. Schon 1287 ausdrücklich aus Stein bezeugt, besaß sie damals 24 Bögen. Mehrfach wurden Erneuerungen notwendig, zuerst im 16. Jahrhundert. Seit damals schaut das Brückenmännchen stromabwärts, kauernd oder sitzend, mit Mütze und in den Schoß gelegten Armen. Die kleine Sandsteinfigur mit den schulterlangen Haaren soll Matteo Foccio darstellen, den legendären, aus Italien stammenden Baumeister der mittelalterlichen Elbbrücke.

In späteren Jahrhunderten mussten die Spannweiten wegen des Schiffsverkehrs größer werden – im 18. Jahrhundert hatte die barocke Brücke nur noch 17 Bögen. Beim Neubau Anfang des 20. Jahrhunderts musste man neuerlich dem Verkehr auf Straße und Strom gerecht werden, die Brücke wurde breiter und höher. Abermals reduzierte sich die Zahl der Bögen: Da waren es nur noch neun.

1813 wurde das Brückenmännchen in die Luft gesprengt. Dresden befand sich im Belagerungszustand, russische Truppen näherten sich der Stadt. Die Brückensprengung, eine aus militärischen Gründen bei Rückzügen übliche taktische Maßnahme, befahl und überwachte der französische Marschall Davout. Erfahrene Sprengmeister, in diesem Fall Freiberger Bergleute, brachten die Pulvermunition an. Nach der Sprengung fehlte exakt ein Pfeiler. Der Rest der Brücke und die umliegenden Gebäude blieben unversehrt.

Doch ausgerechnet das Brückenmännchen wurde dabei verschüttet. Der Dresdner Bildhauer Christian Gottlieb Kühn (1780–1828) fertigte eine Nachbildung, die auch im 20. Jahrhundert wieder eingebaut wurde. Erst nachdem sie bereits in die Brücke eingepasst war, fand sich das beschädigte Original im Schutt wieder. Es wurde nahe der Mündung des Kaitzbach (siehe Seite 100) eingemauert und verwitterte in der Folge stark.

Adresse Augustusbrücke, Landpfeiler Altstädter Seite, 01067 Dresden-Altstadt | ÖPNV Straßenbahn 4, 8, 9, Haltestelle Theaterplatz | Tipp Eine Kopie des Brückenmännchens findet sich in Loschwitz am Haus Kotzschweg 12. Dort lebte Anfang des 20. Jahrhunderts Architekt und Stadtbaurat Hermann Klette, der am Umbau der Augustusbrücke beteiligt war.

17 Die Bühlauer Waldgärten
Gärtnern statt golfen

Wie ein ganz normales Vereinshaus wirkt das Heim des Kleingärtnervereins am Rand der Dresdner Heide. Dabei ist es in gleich zweifacher Hinsicht etwas Besonderes: Es steht unter Denkmalschutz, und sein Architekt Wilhelm Kreis ist auch der Erbauer des Hygiene-Museums. Überdies war der Bungalow ursprünglich das Clubhaus eines Golfplatzes. Noch im 19. Jahrhundert eine rein britische Angelegenheit, war Golf 1900 und 1904 schon zweimal olympische Disziplin, in den 1920er Jahren schien sich der grüne Sport gar zum Trend bei den Besserverdienenden zu entwickeln.

Und den Kurgästen des Weißen Hirschen sollte ja etwas geboten werden, Reitschule, Tennisplatz, sogar eine Rodelbahn auf hölzernem Gerüst gab es, 1930 wurde das Schwimmbad in Bühlau gebaut und 1932 der Golfplatz erstmals bespielt. Die Gestaltung des circa 54 Hektar großen Terrains übernahmen die Landschaftsarchitekten Colt, Alison & Morrison, damals weltweit führend beim Design von Golfplätzen. In den späten 1920er Jahren entstanden knapp ein Dutzend Plätze in Deutschland parallel: Von Hamburg bis Stuttgart und von Aachen bis Dresden war die britische Firma beschäftigt. Noch bis 1943 fanden in Bühlau regelmäßig Turniere der deutschen Städtemannschaften und wohlhabender Kurgäste statt.

Nach Kriegsende wurden auf dem Brachland des stillgelegten Golfplatzes Kartoffeln und Gemüse angebaut – unbestritten war Nahrungsknappheit das vordringliche Problem. Die etwa 350 Parzellen umfassende, verwinkelte und überaus idyllische Kleingartenanlage wurde 1946 gegründet. Dass aber generell die Golfplätze des Ostens nicht wiederbelebt wurden, ist eher der Einflussnahme der Sowjetunion geschuldet – die engagierten Gartenfreunde verhinderten 1958 die geplante Wiederaufforstung des Geländes. Trotzdem sollten auch Golfspieler dem alten Platz nicht nachtrauern. Die »Bühlauer Waldgärten« gehören zu den schönsten Kleingartenanlagen Dresdens.

Adresse Nachtflügelweg 25, 01324 Dresden-Bühlau, www.kgv-buehlauer-waldgaerten.de |
ÖPNV Straßenbahn 11, Haltestelle Neubühlauer Straße | **Tipp** Wer heute in Dresden
Golf spielen will, kann das beispielsweise bei Ullersdorf und Possendorf.

18__ Das Caspar-David-Friedrich-Denkmal

Die Staffelei am Fenster

Wenn große Männer geehrt werden, dann meist mit ihrem eigenen Abbild als Büste oder Statue, ob realistisch oder idealisierend. Anders in Dresden: Zum 150. Todestag von Caspar David Friedrich am 7. Mai 1990 wurde eine drei Meter hohe Edelstahlskulptur aufgestellt. Stuhl, Fenster, Staffelei – das Denkmal für den Maler im Brühlschen Garten scheint es sich einfach zu machen. Doch die Requisiten eines Ateliers sind mit Metallverstrebungen miteinander verbunden – keineswegs willkürliche Elemente. Die Strahlen gehen vom Genius des Malers aus und führen zur Bodenplatte mit einem Zitat Friedrichs: »Der Maler soll nicht bloß malen, was er vor sich sieht, sondern auch, was er in sich sieht. Sieht er also nichts in sich, so unterlasse er auch zu malen, was er vor sich sieht.«

Zudem wählte der Bildhauer Wolf-Eike Kuntsche, der in Dresden an der Hochschule für Bildende Künste studierte und in Radebeul lebt, als Vorlage ein Gemälde von 1811, das den Künstler mit Palette und Reißschiene im Atelier zeigt. Stuhl, Tisch und Staffelei, eine Werkstatt frei von Ablenkungen, konzentriert, asketisch, einfach, zeigt das Motiv von Georg Friedrich Kersting (1785–1847), einem Malerkollegen aus Friedrichs Freundeskreis. Die Ausführung der Metallarbeit übernahm der Kunstschmied Peter Bergmann, in dessen Metier in dritter Generation auch Sohn Alexander tätig ist. Dresden verdankt ihnen die Restaurierung vieler historischer Objekte, vom Pusteblumenbrunnen bis zur »Saxonia« auf dem Ständehaus.

Direkt nach dem Kunststudium in Kopenhagen trifft Caspar David Friedrich als junger Maler in Dresden ein – von 1798 blieb er bis zu seinem Tod 1840. Begraben wurde der Maler auf dem Trinitatisfriedhof in der Johannstadt, dessen Toranlage mit zwei imposanten Pfeilern Friedrich wiederum für sein unvollendetes Gemälde »Friedhofseingang« (1825) als Vorlage diente.

Adresse Brühlsche Terrasse 1, 01067 Dresden-Altstadt | ÖPNV Straßenbahn 3, 7, Halte-stelle Synagoge | Tipp Von Wolf-Eike Kuntsche stammen auch das Bronzedenkmal für die Familie Körner beim Hotel Bellevue und das Kästner-Denkmal an der Ecke Alaun-straße/Bautzner Straße. Peter Bergmann schuf eine Brunnenskulptur im Dahliengarten des Großen Gartens. Der Pusteblumenbrunnen (siehe Seite 150) wurde 1972 in der Werk-statt seines Vaters Karl Bergmann hergestellt.

19__Die Centrum-Galerie

Blech an Blech, Wabe an Wabe

Die Centrum-Galerie betritt man am besten von oben. Wer sich von der scheinbar endlosen Auffahrtspirale nicht schrecken lässt, stellt seinen Wagen auf das Parkdeck auf dem Dach. Über lange Rolltreppen schwebt man hinunter in die zentrale Halle des Shoppingcenters. Sie ist erstaunlich großzügig bemessen für einen Bau, in dem der Ertrag pro Quadratmeter ausgerechnet wird. Dank eines Glasdachs erhellt Tageslicht die über fünf Geschosse reichende, mit Aluminiumpaneelen verkleidete Halle. Deren Schnörkelmuster spielen auf Ornamente im Stadtschloss an, die sichtbaren Wandflächen dahinter wechseln mit LED-Licht ihre Farbe.

Die Außenfassade wiederum soll an das in den 1970er Jahren erbaute Centrum-Warenhaus erinnern, das für den Neubau abgerissen wurde. Dessen auffallend strukturierte Metallfassade bestand aus eloxierten Aluminiumwaben – durchaus typisch für die Kaufhausarchitektur der DDR. Ähnliche »Blechbüchsen« gab es in Berlin, Leipzig und Magdeburg; diese plastischen Aluminiumfassaden wurden allerdings selten unter Denkmalschutz gestellt. Zudem hatte das Material lange einen schlechten Ruf, weil bei der Herstellung sehr viel Energie benötigt wird. Während das alte Kaufhaus fast vollständig mit Aluminium verkleidet war, wechseln bei der neuen Centrum-Galerie geschlossene Flächen aus 3400 Aluwaben mit beleuchteten Glaswänden.

Umstritten war der Abriss des einst international bewunderten Gebäudes auch, weil dieser Klassiker der DDR-Moderne mit Billigung der Stadt durch einen deutlich größeren Neubau ersetzt wurde – die neue Shoppingmall mit 120 Geschäften auf 52.000 Quadratmetern Verkaufsfläche ist ein Koloss. Auch wenn der Bau an der historischen Fluchtlinie der Prager Straße steht und die Städteplaner dies als »Reurbanisierung der oft beklagten Weite in der Dresdner Innenstadt« begrüßen, bleibt die Frage offen, ob solche gigantischen Dimensionen lebendiger innerstädtischer Vielfalt guttun.

Adresse Prager Straße 15, 01069 Dresden-Altstadt, www.centrumgalerie.de | **ÖPNV** Straßenbahn 8, 9, 11, 12, Haltestelle Prager Straße | **Tipp** Vom Architekturbüro Peter Kulka stammt neben der Centrum-Galerie auch der Entwurf für den Neubau des Sächsischen Landtags (siehe Seite 166).

20__Dinglingers Weinberg

Die Wetteruhr vom Hofmechanikus

Baukünstler und Bildhauer, Goldschmiede und Kupferstecher, Emailleure und Instrumentenmacher wurden in die Residenz geholt. Mit untrüglichem Gespür für Qualität verpflichtete August der Starke erstrangige Fachleute für seine anspruchsvollen, recht kostspieligen Ambitionen als Sammler und Kunstmäzen.

Die Besten waren gerade gut genug: Neben dem Bayern Balthasar Permoser und dem Westfalen Matthäus Daniel Pöppelmann, dem maßgeblichen Bildhauer und dem bevorzugten Architekten, kam auch der Württemberger Johann Melchior Dinglinger. Seiner Werkstatt entstammt der »Hofstaat zu Delhi«, ein kostbarer Tischaufsatz aus emailliertem Gold, der das orientalische Gepränge des Großmoguls Aureng-Zeb bis ins kleinste Detail nachbildet – unter Verwendung von fast 5.000 Diamanten und über 300 Smaragden und Rubinen. 58.485 Taler stellte der Goldschmied dafür in Rechnung – dafür bekam man auch ein Rittergut.

Gegen gute Bezahlung also arbeitete der Hofjuwelier: Dinglinger war ein reicher, unabhängiger Mann, bei dem der Kurfürst die teuren Gebilde in Raten abstotterte. Neben seinem berühmten Stadthaus – selbst Zar Peter der Große nächtigte bei ihm – besaß Dinglinger auch einen luxuriösen Sommersitz am Elbhang, mit Festsaal und Kegelbahn, Belvedere und vergoldeter Wetterfahne auf dem Dach. Eine weitere Extravaganz: Die Konstruktion von Hofmechanikus Andreas Gärtner an der Decke des Festsaals im Obergeschoss zeigte Windrichtung und -stärke an.

Johann Melchior Dinglinger stammte aus Biberach. Seine jüngeren Brüder folgten ihm 1693, nur ein Jahr später als er selbst, nach Dresden und wurden ebenfalls am Hof beschäftigt, Georg Friedrich als Maler und Hof-Emailleur, Georg Christoph ebenfalls als Goldschmied. Der eine zwei, der andere vier Jahre jünger, kann man sich hier vielleicht eine Biberacher Win-win-Situation vorstellen, bevor es den Begriff überhaupt gab.

Adresse Schevenstraße 59, 01326 Dresden-Loschwitz | **ÖPNV** Straßenbahn 11, Haltestelle Mordgrundbrücke | **Öffnungszeiten** Da das Haus am Rand der Altstadt in Privatbesitz ist, kann man es nur vom Elbufer aus der Entfernung betrachten. | **Tipp** Von Dinglingers Haus erhalten ist nur der am Gewandhaus angebrachte Dinglingerbrunnen. Die berühmte Weltzeituhr des »sächsischen Archimedes« Andreas Gärtner gehört zur Sammlung des Mathematisch-Physikalischen Salons.

21 Der Dreiseithof

Leben im Kleinbauerngehöft

Einen dörflichen und durchaus beschaulichen Eindruck vermitteln Reitzendorf und besonders auch der zum Museum umfunktionierte Dreiseithof mit dem alten landwirtschaftlichen Gerät im Garten. Die Idylle täuscht, das Leben eines Klein- oder Kleinstbauern war hart und entbehrungsreich. Man muss den Begriff wörtlich nehmen – ein Kleinbauer hat nicht das Geringste mit einem Großgrundbesitzer zu tun. Wer das Gehöft betritt, erfährt ganz unmittelbar, in welch einfachen Verhältnissen Landwirte gewohnt haben: Die Decken in der bescheidenen Unterkunft sind niedrig, die Räume eng. Auch die enge Lebensgemeinschaft von Vieh und Mensch wird augenfällig – zwischen Küche und Stall wurde gebacken und geschlachtet.

Die Atmosphäre wirkt so authentisch, weil hier nicht einzelne Gegenstände präsentiert werden – die Einrichtung von der Stube über die Kammern bis zum Kuhstall, die Werkzeuge und Arbeitsgeräte in der Scheune und ebenso die Acker- und Transportfahrzeuge sind vollständig so erhalten, wie sie auf dem Hof bis etwa 1950 in Gebrauch waren.

Nicht nur das Mobiliar entspricht den realen Lebensverhältnissen, im Haus gibt es auch kein fließendes Wasser. Um drastisch zu demonstrieren, dass Wäschewaschen ohne Maschine kein Vergnügen war, lädt das Museum regelmäßig zu »Omas Waschtag« ein. Geschöpft wird das Wasser wie früher aus dem Brunnen, im Garten befindet sich eine Quelle.

Die Fachwerkhäuser des Dreiseithofs stammen aus der Zeit um 1820 und wurden sorgfältig restauriert. Es gibt in anderen Regionen auch größere Bauernhöfe dieser Art, doch an der Elbe sind Dreiseithöfe oftmals gedrängt angelegt und stehen in eng bebauten Ortschaften. Das Wohnhaus, oft als Fachwerk oder Umgebinde mit massivem Erdgeschoss ausgeführt, befindet sich auf einer Seite neben der Einfahrt, der Stall auf der anderen, die dritte Seite wird von der Scheune gebildet.

Adresse Kleinbauernmuseum, Schullwitzer Straße 3, 01328 Dresden-Reitzendorf, www.kleinbauernmuseum.de | **ÖPNV** Straßenbahn 11 oder Bus 61, Haltestelle Bühlau, anschließend mit Regionalbus Linie 226, 227 oder 228, Haltestelle Bühlau-Schönfeld Schule bzw. Friedhof, dann max. 800 Meter Fußweg | **Öffnungszeiten** Mo–Fr 9–16 Uhr, Sa, So 13–17 Uhr | **Tipp** Der Ausflug lässt sich mit einer Wanderung durch den Friedrichsgrund (siehe Seite 68) hinab nach Pillnitz kombinieren.

22 Die DREWAG-Häuschen

Street-Art als Auftragskunst

Egal ob Umspannstation, Wärmeversorgungs- oder Gasdruckregelanlage, die Wände der DREWAG-Häuschen waren oft Objekte für Kunst aus der Sprühdose – auch wenn eigentlich in der Sprayerszene als ungeschriebene Regel gilt, je schwieriger der Ort zu erreichen ist, desto größer der Ruhm. Doch damit sollte Schluss sein: Kein Graffiti-Writing an den Stationen der Stadtwerke!

Dem Dresdner Energieversorger als Eigentümer galt jegliche Form von Graffiti als Sachbeschädigung und unerwünschte Selbstverwirklichung von Sprayern. Großflächige Gebäudefassaden und Mauern nicht einfarbig zu streichen, sondern künstlerisch gestalten zu lassen, hatte sich schon in anderen Städten als wirksame Vorbeugung erwiesen – die meisten Sprayer zeigen Respekt für die Werke anderer und übersprühen sie nicht.

Zunächst verfolgte die DREWAG die Idee, ihre Häuschen von Schülern unter Anleitung verschönern zu lassen. Mit dem Resultat wenig zufrieden, brach man den Versuch ab und beauftragte professionelle Künstler mit Trompe-l'Œils, Comicstrips und anderen plakativen Wandmalereien.

Mehr als 1.700 Stationen betreibt die DREWAG im Stadtgebiet, mittlerweile wurden über 150 Anlagen von Künstlern mit ganz unterschiedlichen Motiven gestaltet. Manchmal recht abstrakt oder bunt-naiv gehalten, entwickelten vor allem Christian Gersdorf und Helmut Zschiesche immer hintergründigere Entwürfe, die oft auf die Plätze, Straßen oder Geschichte der Umgebung Bezug nehmen. Am Elbufer nahe der Albertbrücke heißt es: Vorhang auf für die Illusionsmalerei. Käthe Kollwitz sinniert, den Kopf auf das Kinn gestützt, Albert von Sachsen wirkt eher unzufrieden mit seinem Platz an der Wand, den Kindern scheint die Aussicht mehr als nur gut zu gefallen, und hinter den Türen grünt schon der Wald. Neben zwei mit Kamera und Stadtplan ausgerüsteten Touristen kann man auch den Künstler Gersdorf selbst entdecken.

Adresse Ecke Terrassenufer/Lothringer Straße, 01069 Dresden-Pirnaische Vorstadt | **ÖPNV** Straßenbahn 6, 13, Haltestelle Sachsenallee | **Tipp** Weitere Werke von Christian Gersdorf finden sich unter anderem am Pestalozziplatz, Bischofsplatz, Königsbrücker Platz, in der Cämmerswalder und Muldaer Straße.

23 Der Dynamo-Dresden-Fanshop

Tradition verpflichtet

Gleich im ersten Jahr des Bestehens – 1953 – und insgesamt achtmal Meister und siebenmal FDGB-Pokalsieger: Der Dynamo Dresden blickt auf eine so erfolgreiche wie bewegte Geschichte zurück. Legendär ist der Dynamo-Sieg im Achtelfinale des UEFA-Pokals 1988 gegen den AS Rom. Legendär war auch der viermalige Torschützenkönig Hans-Jürgen Kreische. »Wundertechniker« und DSC-Spieler Helmut Schön wurde später Bundestrainer (1964–78) – unter seiner Ägide unterlag die Nationalmannschaft der Bundesrepublik bei der Weltmeisterschaft 1974 der DDR. »So nicht, Herr Schön!«, titelte danach die Bild-Zeitung. Der 1953 als Sportgemeinschaft Dynamo gegründete Club mit den Vereinsfarben Schwarz-Gelb war das Aushängeschild der DDR, auch wenn die besten Spieler oft nach Berlin zum FC Dynamo, dem Lieblingsclub von Stasichef Erich Mielke, zwangsversetzt wurden.

Erst nach der Wende wurde der populäre Club 1990 in 1. FC Dynamo Dresden umbenannt, was echten Fans Tränen in die Augen trieb. Schließlich war Dynamo Dresden, damals noch Schwarz-Rot, schon einer der berühmtesten deutschen Vorkriegsvereine gewesen. Als »Kriegsmeister« der Jahre 1943 und 1944 galt der Club aber als belastet und wurde zunächst aufgelöst. Die Neugründung sollte auch einen Neuanfang markieren. Tradition verpflichtet: Seit 2007 heißt der Club wieder SG Dynamo Dresden.

Die 60 Meter hohen Flutlichtleuchten, volkstümlich Giraffen genannt, wurden beim Stadionneubau leider abmontiert. Auch ist das Rudolf-Harbig-Stadion in der Lennéstraße mit dem neuen Namen Glücksgas-Stadion eher gestraft als gesegnet. Ansonsten wird Tradition hier noch höher gehalten als bei anderen Fußballvereinen. Der Fanshop verkauft daher neben den üblichen Shirts und Schals zur Adventszeit auch Dynamo-Glühwein und Schwibbögen.

Adresse Lennéstraße 12, 01069 Dresden-Seevorstadt-Ost, www.dynamo-dresden.de |
ÖPNV Straßenbahn 9, 10, 11, 13, Haltestelle Lennéplatz | **Öffnungszeiten** Mo–Fr 10–19,
Sa 10–15 Uhr | **Tipp** Die Tickethotline erreicht man unter Tel. 01805/303435.

24 Die Eisenbahnbrücke

Löbtau statt Montmartre

Die Deutsche Moderne begann in Dresden. 1905 gründeten vier Architekturstudenten eine Künstlergruppe, um die Kunst von Grund auf zu erneuern, wie sie selbstbewusst erklärten. Von Karl Schmidt-Rottluff stammte der Name »Brücke«, gewissermaßen ein Aufbruch zu neuen Ufern. Die Dresdner Arbeiten dieser Gruppe junger Männer sollten den deutschen Expressionismus prägen; neben »Blauem Reiter« und dem Bauhaus war die »Brücke« wohl die folgenreichste künstlerische Bewegung des 20. Jahrhunderts.

Die vier Gründungsmitglieder Fritz Bleyl, Erich Heckel, Ernst Ludwig Kirchner und Karl Schmidt-Rottluff hatten keine Kunstausbildung durchlaufen, nur Kirchner hatte zwei Semester an einer Kunstschule in München belegt. Oft zogen sie frühmorgens schwer bepackt und begleitet von ihren Modellen in die Moritzburger Teichlandschaft, um dort in freier Natur Akte zu malen. Aber auch Dresden stand den Autodidakten Modell. Allerdings nicht das repräsentative, sondern das der Arbeiterviertel: Schleppkähne auf der Elbe, Straßen im Topflappenviertel und die Bahnhofseinfahrt Dresden-Löbtau.

Im Industrieviertel Löbtau organisierten sie 1906 ihre erste große Ausstellung selbst; an Verkäufe war jedoch nicht zu denken. Publikum und Kritik empörten sich mit Verve über die gezeigten Werke: »Verpfuschte Gestalten. Symbolischer Unsinn!« Als Einnahmequelle warben die Maler Fördermitglieder, denen gegen Beitrag eine Mappe als Jahresgabe geliefert wurde. Ab 1910 wurden erste Erfolge sichtbar, in der Dresdner Galerie Arnold fand eine repräsentative Ausstellung statt. Doch dann lockte Berlin. 1913 wurde die Vereinigung dort offiziell wieder aufgelöst – das Gemeinschaftsgefühl der Kunstrebellen hatte den Konkurrenzkampf in der Großstadt nicht überdauert. Unter den Nationalsozialisten als ›entartete Kunst‹ diffamiert, fanden die Pioniere des Expressionismus erst viel später einen gebührenden Platz in der Kunstgeschichte.

Adresse Ecke Löbtauer Straße/Roßthaler Straße, 01067 Dresden-Wilsdruffer Vorstadt | **ÖPNV** Straßenbahn 1, 2, 6, Haltestelle Schäferstraße | **Tipp** Das Vorbild für Ernst Ludwig Kirchners Gemälde »Eisenbahnüberführung in Dresden Löbtau« (1910/1926) hängt im Albertinum.

25 Der Elbe-Radweg
Das blaue Band

1.165 oder 1.187 oder 1.091 oder 1.094 Kilometer ist die Elbe lang von der Quelle im Riesengebirge bis zur Mündung bei Cuxhaven. So präzise die einzelne Zahl klingt, so sehr kommt es darauf an, wo man sie nachschlägt. Die deutsche Kilometrierung zählt erst ab der tschechischen Grenze, ihr Beginn ist gleichzeitig der tschechische Kilometer 105,81.

Fast am ganzen Flusslauf entlang, vom tschechischen Oberlauf bis zur Unterelbe jenseits von Hamburg, kann geradelt werden. Schon mehrfach wurde der Elbe-Radweg in Umfragen des Allgemeinen Deutschen Fahrrad-Clubs zum beliebtesten Radfernweg gewählt. Auch wie sich das Qualitätsurteil quantitativ bemerkbar macht, erhebt der ADFC. Auf dem Elbe-Radweg waren 2010 rund 155.000 Radler unterwegs, deren Durchschnittsreisedauer neun Tage betrug. »Best-Practice-Beispiele wie der Elbe-Radweg« würden zeigen, dass Qualität zum Erfolg führt, teilt der ADFC mit, in dem man sich offensichtlich auch Marketing-Sprech zu eigen gemacht hat. Mittels »Radreiseanalyse«, also Marktforschung, untersucht der ADFC auch, wer den Urlaub im Sattel verbringt, wer »Regio-Radler« ist und wer nur Gelegenheitsradler, geht es hier doch nicht zuletzt ums Geschäft: Pro Tag und pro Person gaben die Elbe-Radler 66 Euro aus.

Einfach nur ein schöner Fluss mit Radweg zu sein, reicht da nicht. Gefragt sind Mitradelbörse, Gepäcktransport und fahrradfreundliche Unterkünfte unter dem Label »Bett & Bike«; auch die Kirche muss mithelfen, wer »Radwegekirche« googelt, wird sich über die Zahl der Treffer nur wundern. Und ein Logo muss her: Als blaues Band zeigt das Signet die Elbe. Als blaues Band verstehen sich aber auch Weser und Saale. Da gibt's wohl noch Abstimmungsbedarf unter den »Qualitätsradwegen«. Dresdens Stadtmarketing freut sich, dass auf mehr als 30 Kilometern die Elbe durch die Stadt fließt. Die Radler selbst genießen einfach nur, wie schön gerade dieser Streckenteil ist.

Adresse ADFC Dresden, Bischofsweg 38, 01099 Dresden-Äußere Neustadt, www.adfc-dresden.de, www.elberadweg.de | **ÖPNV** Straßenbahn 7, 8, 13, Haltestelle Bischofsweg | **Tipp** Das Fahrradmuseum ist eine Sammlung von Radveteranen im Umweltzentrum an der Schützengasse in der Wilsdruffer Vorstadt.

26 Die Elbwiesen

Weltrekord in Sachen Uferrand

Beim ersten Sonnenstrahl hält es niemanden im Haus. Mit Kind und Kegel, Picknicktasche oder Ballspiel, zu Fuß, auf Inlinern oder mit dem Rad strömen die Dresdner ins Freie – am liebsten an die Elbe. Was macht die grünen Elbwiesen so einzigartig? Und wichtig für das Lebensgefühl? Von »Naherholung« und »Stadtgrün« floskeln nur Bürokraten – um Feste zu feiern, zum Spielen, Sonnenbaden und Drachensteigen sind die Elbwiesen ohnegleichen.

Nur an Brühlscher und Neuer Terrasse blickt man von Mauern wie von einer Bühne auf den Fluss, ansonsten fließt die Elbe durch weiträumige, an manchen Stellen bis zu 400 Meter breite Uferwiesen.

Dresdens grüner, kilometerlanger Ufersaum verdankt sich dem damaligen Bürgerprotest und der Durchsetzungskraft eines Wasserbauinspektors Mitte des 19. Jahrhunderts. Schon recht konkrete Pläne sahen die Anlage breiter Hochuferstraßen vor, welche den Fluss kanalisieren und die hinter den Dämmen liegenden Flächen zum Bauland machen sollten. Heftige Einwände seitens des zuständigen Moritz Wilhelm Schmidt führten dazu, dass man sich in Dresden für Überflutungsflächen statt Mauern entschied.

Ein westdeutsches Wirtschaftswunder hätten die Elbwiesen aber wohl nicht überlebt, da hat Thomas Rosenlöcher sicher recht, wenn er schreibt: »Hätten wir gleich den Westen gehabt, wäre manches gerettet worden, aber die Elbaue sicher längst zubetoniert.«

Rund 1.000 Hektar Uferrand, das ist Weltrekord. Futterwiese für Schafe, Ort für den Eröffnungsgottesdienst beim Kirchentag, Bühne für die allsommerlichen Filmnächte – die Elbwiesen werden gern und intensiv genutzt. Neben den Dresdner Einwohnern haben sich auch sogenannte Stromtalpflanzen auf die Lebensbedingungen am Ufersaum spezialisiert, so die Elbe-Spitzklette und der Schlammling. Und unlängst statteten Elbebiber der Waldschlösschenbrücke einen Besuch ab.

Adresse schön ist etwa der Bereich mit Blick auf die Elbschlösser, Käthe-Kollwitz-Ufer, 01307 Dresden-Blasewitz | ÖPNV Bus 62, 74, Haltestelle Johannstadt | Tipp Zum Nachlesen, vielleicht auf einer Decke auf den Elbwiesen, empfiehlt sich »Die verkauften Pflastersteine«, das viel beachtete Tagebuch der Wendezeit des Dresdner Lyrikers Thomas Rosenlöcher.

27 Der Ernemannturm

Dem Ingeniör ist nichts zu schwör

»Der Sachse fühlt sich zu Hause, wo es klopft und hämmert, nicht wo es blökt und muht«, hat der in Dresden geborene Rundfunk- und Fernsehjournalist Peter von Zahn gesagt. Tatsächlich, Beweise für technische Könnerschaft gibt es mehr als genug. Ab 1828 entsteht der Vorläufer der Technischen Universität auf Initiative der sächsischen Regierung, um den Anschluss an die rasante industrielle Entwicklung in England zu finden. Danach geht es Schlag auf Schlag: Johann Andreas Schubert konstruiert die »Saxonia«, die erste als brauchbar geltende deutsche Dampflokomotive, und den Raddampfer »Königin Maria«, das erste Passagierdampfschiff auf der Oberelbe. Die erste Ferneisenbahnstrecke (Leipzig–Dresden) wird gebaut. Sachsen wird zum deutschen Pionierland der industriellen Revolution.

Nach 1870 siedeln sich verstärkt Industriebetriebe an, Feinmechanik, Kamerafabrikation, aber auch Brauereien, Zigarettenfabriken, Schokoladenherstellung. Um 1900 zählt Dresden schon 400.000 Einwohner – und ist damit die viertgrößte deutsche Stadt. Diverse Dresdner Firmen haben ihr Geschäft längst über den regionalen Markt hinaus europa- oder weltweit ausgedehnt. Auch die 1897 von Johann Heinrich Ernemann gegründete Fabrik ist ein weltweit führendes Unternehmen für Foto- und Kinotechnik, als in den 1920er Jahren gegenüber dem Stammsitz ein weiteres Firmengebäude entsteht. Unter Betonung der Vertikalen wird ein nüchterner Zweckbau errichtet mit möglichst großen Fenstern zur optimalen Belichtung der Produktionsstätten. Ungewöhnlich ist vor allem der 48 Meter hohe Turmbau, für dessen Gestalt mehrere geometrische Formen miteinander kombiniert werden – auf den quadratischen siebengeschossigen Sockel folgen ein ovaler und ein runder Aufbau, der ursprünglich als Sternwarte vorgesehen war. Zugleich als Wahrzeichen und Markensignet geplant, ist der Turm heute ein beliebter Aussichtspunkt – inklusive Turmcafé.

Adresse Ernemann-Werke, Junghansstraße 1–3, 01277 Dresden-Striesen, www.tsd.de | **ÖPNV** Straßenbahn 4, 10, Bus 61, Haltestelle Pohlandplatz | **Öffnungszeiten** Di–Fr 9–17, Sa, So 10–18 Uhr | **Tipp** In der Kamerafabrik sind die Technischen Sammlungen der Stadt Dresden beheimatet. Neben der Geschichte der Foto- und Kinotechnik im Besonderen widmet sich das Museum auch der Technik- und Industriegeschichte Sachsens im Allgemeinen.

28__ Der Festsaal in Hoflößnitz
Die Vogelgalerie

Äußerlich wirkt Schloss Hoflößnitz wie ein ländlich-schlichtes Weingut, im Innern wurde es ausgesprochen repräsentativ ausgestaltet. Den Fachwerkbau mit einem achteckigen Treppenturm ließ sich der Kurfürst um 1650 im Stil der Spätrenaissance erbauen. Bis in das 18. Jahrhundert diente die hübsche Anlage dem sächsischen Hof als Herberge bei Jagd und Weinlese, im 19. Jahrhundert wurde es zum Staatsweingut umgewandelt.

Der kleine Festsaal und die angrenzenden Privatgemächer des Kurfürsten und der Kurfürstin im Obergeschoss des Lust- und Berghauses wurden vollkommen mit Holz vertäfelt. Die frühbarocken Malereien auf Wand- und Deckenpaneelen sind noch original erhalten und ein einmaliges Zeugnis höfischer Wohnkultur des 17. Jahrhunderts. Mit der Ausgestaltung waren die Hofmaler Centurio Wiebel und Christian Schiebling beauftragt. Sie schmückten die Vertäfelungen mit allegorischen und mythologischen Szenen.

Potiriguacu, Macucagua, Quelele: Rätsel geben die 80 exotischen Vögel an der Kassettendecke des Festsaals auf. Wer konnte Mitte des 17. Jahrhunderts eine solche Vogelgalerie erschaffen? Oder erfinden? Albert Eyckhout war seit 1653 Hofmaler in Dresden und nutzte eigene Skizzen als Vorlage. Ein Jahrzehnt zuvor hatte der Niederländer an einer achtjährigen naturkundlichen Expedition nach Brasilien teilgenommen, damals niederländische Kolonie. Im Auftrag der Westindien-Kompanie malte er Stillleben mit tropischen Früchten, porträtierte Indios, zeichnete Pflanzen und Tiere.

Das Restaurant im Winzerhaus, einem der ältesten Gebäude der Hofanlage, setzt auf regionale Küche mit frischen Zutaten. Im Sommer öffnet auch die Gartenwirtschaft unter mächtigen Kastanien. Bei einem Glas Wein geht der Blick auf Weinberge, Pressenhaus und Kavalierhaus, in denen gekeltert wird, Ausstellungen stattfinden und der Weinladen winkt. Was »Lust- und Berghaus« genau meint, bedarf dann keiner weiteren Erklärung mehr.

Adresse Weinbaumuseum Hoflößnitz, Knohllweg 37, 01445 Dresden-Radebeul, www.hofloessnitz.de | **ÖPNV** Straßenbahn 4, Haltestelle Wasastraße | **Öffnungszeiten** April–Okt. Di–So 10–17 Uhr; Nov.–März Di–Fr 12–16 Uhr, Sa, So 11–17 Uhr | **Tipp** Das Museum informiert über 850 Jahre Weinbau im Elbtal. Hoflößnitz arbeitet als zertifizierter ökologischer Weinbaubetrieb.

29 Die Fluchttreppe

Der Charme eines Baugerüsts

Eine schnöde Feuertreppe ist es nicht. Die stählerne Fluchttreppe am Ostgiebel des Stadtmuseums ist eigenwillig verformt und so gar nicht barock.

Ist es Kunst am Bau? Auch die herkömmliche Vorstellung von Kunst im öffentlichen Raum wird hier provokativ unterlaufen. Das hätte ja mal geklappt! Das Geschrei war groß: Ungetüm, Ärgernis, Schlag ins Gesicht, Baugerüst waren noch die freundlicheren Worte. Brandschutzvorschriften hatten den Fluchtweg notwendig, die knappe Ausstellungsfläche im Innern die Außenlösung sinnvoll gemacht. Der Fremdköper in der rundherum so auf historische Rekonstruktion bedachten Nachbarschaft ist Konzept. Das Architekturbüro Klinkenbusch und Kunze will die schiefwinklige Treppe mit ihren mehrfach geknickten Stahlsäulen als Kommentar zur Stadtgeschichte verstanden wissen: Das Stahlbauwerk stehe in seinem gebrochenen Charakter bildhaft für die mehrfachen Zerstörungen der Stadt.

Größer könnte der Kontrast zum spätbarocken Landhaus jedenfalls nicht sein. Dabei ist das Palais selbst eine Mogelpackung. Das denkmalgerecht wiederaufgebaute Gebäude wendet seine klassizistische Schauseite der engen Landhausstraße zu, die ehemalige Rückfront war eigentlich die Hof- und Gartenseite. Erst in späterer Zeit wurde der Haupteingang an die Wilsdruffer Straße verlegt.

Im Innern demonstriert das große festsaalartige Treppenhaus mit den nach oben schwingenden Treppen und den kunstvollen Eisengittern, wie man sich im 18. Jahrhundert einen gelungenen Aufgang vorstellte. Das Dresdner Stadtmuseum nutzt die Räume, um auf 800 Jahre Stadtgeschichte zu blicken. Ein großes Thema, bei dem man neue Wege ging. Etwa mit einem 54 Quadratmeter großen begehbaren Luftbild von Dresden. Das Bild im Maßstab 1:3.600, in Kooperation mit dem Institut für Kartografie der TU erstellt, macht die Stadtlandschaft per pedes erfahrbar.

Adresse Stadtmuseum Dresden, Wilsdruffer Straße 2, 01067 Dresden-Altstadt, www.museen-dresden.de | **ÖPNV** Straßenbahn 1, 2, 3, 4, 7, 12, Haltestelle Pirnaischer Platz | **Öffnungszeiten** Di–So 10–18, Fr 10–19 Uhr | **Tipp** Im Stadtmuseum kann für einen Stadtrundgang ein Audioguide ausgeliehen werden, der die Verfolgung und Vernichtung der Jüdinnen und Juden während des Nationalsozialismus dokumentiert.

30__Der Friedrichsgrund

Wo die Romantik erfunden wurde

Als wilde »Gründe« ziehen sich die Täler hinauf nach den Anhöhen. In Wachwitzer und Helfenberger Grund, Keppgrund und Friedrichsgrund, auch Meixgrund genannt, fließen seit eh und je kleine Bäche, die oberhalb, im Schönfelder Hochland, entspringen. Um den im Meixgrund hausenden Drachen Meix rankte sich eine schaurige Sage: Alljährlich verlangte das garstige Vieh eine Bauernmagd als Opfer. Erst ein Müllerbursche tötete das Ungeheuer und rettete so die Tochter seines Herrn vor dem sicheren Tod.

Die Zeit der Schauergeschichten ist vorbei, doch selbst bei heller Augustsonne herrscht im feuchtkühlen Tal nur Dämmerlicht. Was heute so malerisch-romantisch wirkt, wurde Ende des 18. Jahrhunderts mit Absicht und Aufwand geschaffen. Kurfürst Friedrich August III. ließ Schloss und Park in Pillnitz ausgestalten, ihm lag jedoch daran, nicht an der Parkmauer zu enden. Wie es dem Zeitgeschmack entsprach, wurde der Friedrichsgrund regelrecht inszeniert.

Zu einer perfekten Kulisse gehörte vor allem Ruinenromantik. Beim Bau einer künstlichen Ruine im gotischen Stil oberhalb des Talgrunds blieb es jedoch nicht. Ein Spazierweg mit Gedenksteinen und Ruhebänken, Stegen und steinernen Brücken führte in den Friedrichsgrund. Eigens angelegte Reservoirs speisten den künstlichen Wasserfall, für eine Viertelstunde in Gang gesetzt, durch Ablassen von Wasser.

Die Meixmühle am Ende des Grunds existierte schon seit dem Mittelalter als Ausspanne der Fuhrleute des Schönfelder Hochlands. Neben dem Naturerlebnis diente der Friedrichsgrund der Zerstreuung der Pillnitzer Hofgesellschaft. Vergnügungen in den Abendstunden wurden ebenso organisiert wie wissenschaftliche Ausflüge mit Fernrohr, Landkarte und mathematischen Instrumenten. Anfang des 19. Jahrhunderts entdeckten auch Maler auf der Suche nach Naturerlebnissen den romantischen Friedrichsgrund für sich.

Adresse Friedrichsgrund, 01326 Dresden-Pillnitz | **ÖPNV** Bus 63, Haltestelle Rathaus Pillnitz | **Tipp** Am oberen Ende des Friedrichsgrunds lädt der Landgasthof Meixmühle zur Einkehr (www.landgasthof-meixmuehle.de). Von dort konnte (und kann) der Spaziergang bis zum Borsberg verlängert werden, mit der zur gleichen Zeit wie der Friedrichsgrund künstlich angelegten Eremitage (siehe Seite 76).

31__Die Gläserne Frau

Anatomie in 3-D

Heute ist der gläserne Mensch eine Horrorvision – jedenfalls für Datenschützer. Vor 80 Jahren war das noch anders – 1930 galt das transparente Wesen als Sensation. Detailliert zeigte der Schaukörper, wie der Mensch im Innern aufgebaut ist. Per Knopfdruck leuchteten Organe, Muskeln, Blutbahnen und Nervensystem, Haut und Fleisch bestanden aus durchsichtigem Kunststoff.

Die Aufklärung über biologische Phänomene stand schon bei der ersten Hygiene-Ausstellung 1911 im Vordergrund. Der Industrielle Karl August Lingner starb zwar 1916 (siehe Seite 124), und die Eröffnung des Hygiene-Museums verzögerte sich, doch die Werkstätten fertigten weiter Schautafeln und Lehrmaterial für Schulen, Universitäten und Wanderausstellungen, etwa Menschenmodelle aus Holz zum Aufklappen oder Wachsabgüsse von Krankheitsbildern. Als eine der Hauptattraktionen der zweiten Internationalen Hygiene-Ausstellung 1930 entstand der »Gläserne Mensch«. Werkstattleiter und Präparator Franz Tschackert konnte in einer Dresdner Fabrik einen großen Kessel nutzen, um mit heißem Wasserdampf den Kunststoff Cellon zu formen – die durchsichtige Außenhaut.

Das Ausstellungsstück wurde zum Exportschlager – die erste Gläserne Frau wurde 1936 für das Museum of Science in New York hergestellt und ging danach jahrelang auf Tournee durch die USA. 1988 gelangte sie als Schenkung an das Deutsche Historische Museum Berlin. Ihr Kunststoff ist stark vergilbt, das neuere Dresdner Modell entstand in den 1980er Jahren. Um die 40 gläserne Männer und Frauen wurden in Dresden hergestellt – und auch mindestens eine gläserne Kuh.

Seit Kurzem ersetzt jeder Computer den Modellbauer: Der »Body Browser« erlaubt eine virtuelle Reise ins menschliche Innere. Google hat das Prinzip der erkundenden Zoomfahrt von Google Earth auch auf den menschlichen Körper übertragen – auch hier ist das erste 3-D-Modell übrigens eine Frau.

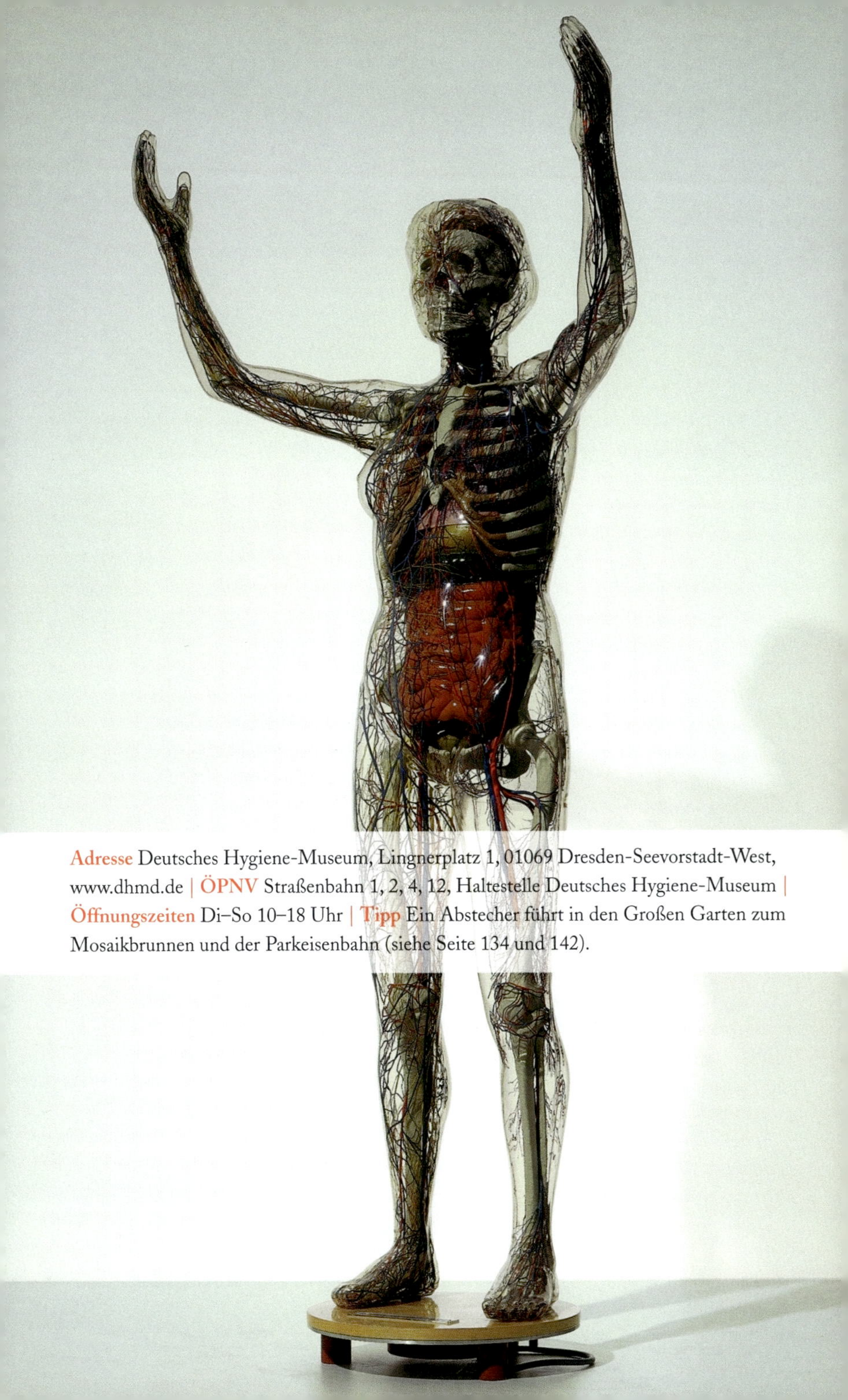

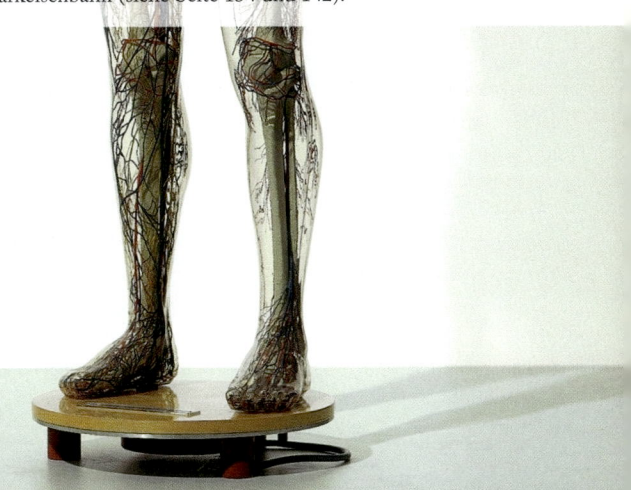

Adresse Deutsches Hygiene-Museum, Lingnerplatz 1, 01069 Dresden-Seevorstadt-West, www.dhmd.de | **ÖPNV** Straßenbahn 1, 2, 4, 12, Haltestelle Deutsches Hygiene-Museum | **Öffnungszeiten** Di–So 10–18 Uhr | **Tipp** Ein Abstecher führt in den Großen Garten zum Mosaikbrunnen und der Parkeisenbahn (siehe Seite 134 und 142).

32__ Das Glockenspiel

So klingt Porzellan

Strenge Geheimhaltung technischer Neuerungen war unerlässlich. Auf der Festung Königstein und der Albrechtsburg in Meißen hielt der Herrscher daher jenen Alchemisten fest, der in dem Ruf stand, Gold machen zu können. Zu jener Zeit stand »made in China« noch für teuer und luxuriös. Überall in Europa war man versessen auf Porzellan, das kostspielig aus Fernost importiert wurde. Auch August sammelte das »weiße Gold« mit einer Obsession, die er selbst seine »maladie de porcelaine« nannte. Selbst seine Soldaten verkaufte der Kurfürst: Für rund 150 chinesische Deckelvasen erhielt der preußische König Friedrich Wilhelm I. im Austausch 600 Reiter … Darum heißen die blau bemalten Gefäße der Kangxi-Periode im Porzellanmuseum Dragonervasen. So kostbar wie Gold war daher die Rezeptur des weißen Porzellans. 1710 wurde in Meißen die »Königlich-Polnische und Kurfürstlich-Sächsische Manufaktur« gegründet – das weiße Gold aus Sachsen genoss bald in der ganzen Welt hohes Ansehen.

Auch August der Starke hatte schon vom »glockenreinen« Klang des Porzellans geträumt, von einem bespielbaren Glockenspiel oder einer Orgel mit Porzellanpfeifen. Doch es sollte noch über 200 Jahre dauern, bis der Bau eines solchen Instruments möglich wurde. Auch wenn der Zwinger ansonsten für Barock und Rokoko steht – erst in den 1930er Jahren erhielt der Stadtpavillon das Glockenspiel. Das älteste Deutschlands wurde 1929 für die Meißner Frauenkirche gefertigt.

Auch ein Glockenspiel muss gestimmt werden. Spezialist für die Intonierung ist der Dresdner Musikprofessor Günter Schwarze. Er hat die 40 Glocken gestimmt und die Stundenschlagmelodien komponiert, die viertelstündlich ertönen. Dreimal täglich sind je nach Jahreszeit wechselnde Melodien zu hören, von Bach und Mozart über Vivaldi bis Weber. Knapp drei Monate haben die empfindlichen Glocken Winterpause, denn nass könnten sie Schaden nehmen, wenn es friert.

Adresse Glockenspielpavillon im Zwinger, 01067 Dresden-Altstadt, www.schloesserland-sachsen.de | **ÖPNV** Straßenbahn 4, 8, 9, Haltestelle Theaterplatz | **Öffnungszeiten** Der Innenhof des Zwingers ist 5–22 Uhr zugänglich. Der Glockenspiel-Stundenschlag erklingt viertelstündlich nur tagsüber, um 10.15, 14.15 und 18.15 Uhr die wechselnden Melodien. | **Tipp** Der renommierte New Yorker Architekt Peter Marino schuf die farbkräftige Innen-ausstattung für die beiden Bogengalerien und den Tiersaal im Porzellanmuseum.

33 Die Gondel

Die Elbe als sächsischer Canal Grande

Er war der Superstar des Barock, und er ließ es gern »krachen«, nicht nur bei Feuerwerken, auch am Hofe und in Gesellschaft. Um die außerordentliche Muskel- und Manneskraft von Kurfürst August Friedrich I. von Sachsen ranken sich Mythen: Hufeisen brach er mit »Dero Eigenen Hohen Händen« – das brachte ihm den Beinamen »der Starke« ein. 365 Kinder habe er gezeugt – was Zeitgenossen zu der süffisanten Bemerkung hinriss, man könne den Monarchen mit Fug und Recht den Vater seines Volkes nennen.

Es war die Zeit tage- und oft wochenlanger Feste und Spiele, der Verschwendung und Ausschweifung, der Gelage und Spektakel. Es gab Jagden und Schlittenfahrten, Maskeraden und Zeltlager, Venusfeste in den Lustgärten und Dianenfeste in den Wäldern. Erhaltene Kostüme und Requisiten der »vielerley Ergötzlichkeiten« vermitteln noch eine Ahnung davon, mit welchem Aufwand hier Feste zelebriert wurden.

Während das benachbarte Preußen sein Geld ins Militär steckte, ging es am Dresdner Hof um Pomp und Glanz, auch wenn die Truhen eher leer als voll waren und die Landeskinder über die zunehmenden Lasten murrten, die ihnen aufgebürdet wurden. Der sinnenfreudige, kraftstrotzende Kurfürst, ein Barockmensch im buchstäblichen wie im übertragenen Sinn, liebte die Frauen, die Kunst und den Luxus. August verstand Architektur als Festsaal – seine Bauten waren vor allem Kulisse für Prachtentfaltung und Bühne für Selbstdarstellung. Pillnitz war Teil der fürstlichen Inszenierung – Gondelfahrten mit Gondolieri in farbenprächtiger Kleidung führten zur großen Freitreppe mit steinernen Sphinxen am Wasserpalais. Erst der Fluss verband die Lustbauten des Dresdner Hofs zum barocken Gesamtkunstwerk. Die Charmillen, 16 abgezirkelte Heckengärten aus Hainbuche, dienten als raffinierte Verstecke für Liebeständeleien. Versteckt steht heute darin die letzte der Prunkgondeln, die Rote Tritonengondel, gebaut erst im 19. Jahrhundert.

Adresse August-Böckstiegel-Straße 2, 01326 Dresden-Pillnitz, www.schloesserland-sachsen.de | **ÖPNV** Bus 63, Haltestelle Pillnitzer Platz | **Tipp** Kleines Wächterhaus und Trompeterhaus im Park werden als Ferienhäuser für zwei bzw. vier Personen vermietet.

34__Der Gradmesser
Die Königlich-Sächsische Triangulation

Steil geht es bergauf, will man von Pillnitz zur Ortschaft Borsberg fahren. Das Schönefelder Hochland trägt seinen Namen nicht umsonst, und noch dazu ist der Borsberg mit 361 Metern dessen höchste Erhebung – wenn auch nicht Dresdens höchster Punkt, die Ehre gebührt dem Triebenberg mit 384 Metern.

Jahrzehntelang waren der Borsberg und mehr noch die gleichnamige »Bergwirtschaft Borsberg« ein beliebtes Ausflugsziel. Dreimal müsse man auf dem Borsberg gewesen sein, einmal als Kind, einmal mit seinen Kindern und einmal mit seinen Enkeln, heißt es. Doch zuletzt verfielen der hölzerne Aussichtsturm und die künstliche Grotte gleich oberhalb der Gaststätte, die Natur holte sich das Gelände zurück. Dichtes Strauchwerk wuchert um die Säule direkt daneben. Vielleicht war das ein Glücksfall, denn so blieb sie – wenn auch verwittert und etwas beschädigt – erhalten.

Das 5,90 Meter hohe Exemplar auf dem »Porsberg« wurde 1865 als Vermessungspunkt aufgestellt, eine weitere historische Triangulationssäule ist auf der Goldenen Höhe bei Gohlig jenseits der Elbe erhalten.

Gradmesser wurden in Sachsen in den Jahren 1862 bis 1890 installiert – als Station 1. Ordnung Nr. 7 diente die Sandsteinsäule der »Königlich-Sächsischen Triangulation«. Diese Triangulierung war die erste exakte Vermessung Sachsens, weitere Messpunkte waren etwa Kahleberg im Osterzgebirge, der Keulenberg bei Königsbrück und die Meridiansäule bei Rähnitz. »Netz I. Classe« und »Netz II. Classe« umfassten über 150 Punkte, damit verfügte Sachsen dank der Vermessungsarbeiten über eines der modernsten Lagenetze Deutschlands in dieser Zeit.

An der lange geschlossenen und verfallenden Bergwirtschaft wird geklopft und gezimmert – vielleicht wird bald auch der hölzerne Aussichtsturm rekonstruiert: Von ihm boten sich herrliche Ausblicke in die Umgebung, bei guter Sicht bis ins Erzgebirge.

Adresse 01328 Dresden-Borsberg | **Anfahrt** von Pillnitz über die Wünschendorfer Straße/ Hochlandstraße | **Tipp** Die künstliche Eremitage auf dem Borsberg entstand Ende des 18. Jahrhunderts, als auch der Friedrichsgrund ausgestaltet wurde (siehe Seite 68).

35 Die Gustel am Blasewitzer Rathaus

Großbürgerliche Schillermanie

Hier schillert's, ist man verleitet zu kalauern. Der Schillergarten erinnert daran, dass der Dichter gern im Blasewitzer Wirtshaus einkehrte, ebenso wie die Schillerlinde im Biergarten, der Schillerplatz und der zu Schillers 100. Geburtstag 1859 gestiftete Gedenkstein. Selbstverständlich wurde auch die Ladenpassage in Blasewitz Schillergalerie getauft und die »Glocke«, eine Trafostation (siehe Seite 52), mit Schillermotiven gestaltet. Das deutsche Bürgertum pflegte eben im 19. und auch noch im 20. Jahrhundert »seinen« Schiller.

Vom Rathaus blickt melancholisch Gustel, die berühmteste Blasewitzer Bürgerin. Das Bauwerk mit dem Standbild von Martin Engelke hatte 1905 Karl Emil Scherz umgebaut, ein Loschwitz-Blasewitzer Architekt und einer der wichtigsten Baumeister der schönen, bemerkenswert vielfältigen Villen und repräsentativen Bauten rundherum. Es entstand eine europaweit einzigartige Villenkolonie mit parkähnlichen Gärten. Geschlossene Straßenzüge waren ausdrücklich verboten, die Straßenfront durfte nur halb so breit wie das Grundstück sein. Um 1900 waren von 774 Häusern des Vororts 714 Villen, wie Kunstführer Dehio erläutert, und Blasewitz eine der reichsten Gemeinden Sachsens. Das feine Viertel wehrte sich unter heftigen Protesten gegen die Eingemeindung, die wohlhabenden Bürger – Fabrikanten, Beamte, Offiziere – riefen sogar zu Demonstrationen auf. Dennoch erfolgte 1921 die zwangsweise Eingemeindung des grünen Vororts. Als eine geänderte Bauordnung auch geschlossene Häuserreihen gestattete, verlor der Schillerplatz, der ehemalige Dorfplatz, seinen ländlichen Charakter – Baumeister war erneut Scherz.

Und Gustel? Die hübsche Wirtstochter Justine Renner, geborene Segedin, wurde von Schiller verehrt, gab ihm aber einen Korb. Im Drama »Wallensteins Lager« hat sie einen Auftritt als Marketenderin: »Was? der Blitz! Das ist ja die Gustel aus Blasewitz.«

Adresse Ortsamt, Naumannstraße 5, 01309 Dresden-Blasewitz | **ÖPNV** Straßenbahn 6, 12, Haltestelle Schillerplatz | **Tipp** Karl Emil Scherz hat 1891 auch den Schillergarten umgebaut und ihm sein jetziges Aussehen gegeben. Außer zahllosen Villen stammen auch die geschlossenen Häuserreihen am Körnerplatz von ihm.

RATHAUS

36__Der Hauptbahnhof
Textile Architektur

Wurde die Eisenbahn von Leipzig nach Dresden oder doch umgekehrt von Dresden nach Leipzig gebaut? Die Rivalität der beiden fast gleich großen Städte Sachsens ist bekannt und wird gepflegt. Sicher ist: Seit der Eröffnung im Jahr 1839 gilt die Strecke als erste deutsche Ferneisenbahn. 1847 folgte die Eisenbahnlinie nach Görlitz, kurz darauf die Böhmische Bahn, erst ab 1875 gab es Anschluss nach Berlin.

Der heutige Hauptbahnhof entstand Ende des 19. Jahrhunderts und ersetzte den »Böhmischen Bahnhof«. Ungewöhnlich macht ihn, dass er als kombinierter Durchgangs- und Kopfbahnhof funktioniert – die höher liegenden durchgehenden Gleise flankieren seitlich die Bahnsteighalle mit den Kopfgleisen.

Seit der umfangreichen Restaurierung und Modernisierung vereint das Gebäude Technik aus zwei Jahrhunderten: Neuester Forschung verdankt sich das weiße Membrandach, mit dem Gleise und Bahnsteige überspannt wurden. Der Brite Sir Norman Foster, ein Star der internationalen Architekturszene, verwendete ein nur wenige Millimeter dünnes, lichtdurchlässiges Gewebe für das rund 30.000 Quadratmeter große Dach. Was sich nach Zelten in großem Stil anhört, soll robust, reißfest und widerstandsfähig, dazu noch selbstreinigend sein. Rund 50 Jahre Lebensdauer erhofft man sich von der teflonbeschichteten Glasfasermembran. Das Gewebe wurde nicht einfach nur über der Bahnhalle verspannt, für die Zeltkonstruktion entstand ein zweites Tragwerk über dem alten, denn die historische Eisenkonstruktion hätte den ungeheuren Zugkräften nicht standgehalten.

Der textile Baustoff wurde von »Skyspan« entwickelt, einem weltweit tätigen Unternehmen, das sich auf solche Membranen spezialisiert hat. Glasfasergewebe gelten als Baustoff der Zukunft und überspannen auch den Hof im Bundeskanzleramt, eine Stierkampfarena in Madrid und das Münchner Airport Center.

Adresse Wiener Platz 4, 01069 Dresden-Altstadt | **ÖPNV** Straßenbahn 3, 7, 8, 10, Haltestelle Hauptbahnhof | **Tipp** Bei der architektonisch wie technisch interessanten Modernisierung des Hauptbahnhofs erhielt das Empfangsgebäude seine Glaskuppel zurück. Die neue Fosterkuppel lehnt sich stark an die historische Gründerzeitform an, ohne sie zu kopieren.

37 __ Der Hecht

Nicht Fisch, nicht Fleisch

Er hat nichts mit Fisch zu tun, dieser Hecht westlich der Äußeren Neustadt. Lange diente das Areal jenseits der heutigen Königsbrücker Straße als Übungsplatz für die Garnisonen der Albertstadt (siehe Seite 84). »Auf dem Hecht« hieß es, weil ein Weg zu Hechts Weinberg in Trachenberge und dem Gasthaus »Zum Blauen Hecht« hier entlangführte. Ob Weinbergbesitzer und Gastwirt August Hecht, seines Zeichens zugleich Förster, wiederum der Grund ist, warum ausgerechnet im Hechtviertel so viele Straßen nach Bäumen heißen?

Buche, Erle, Tanne, Fichte, Kiefer, Lärche und Ahorn – alle sind sie rund um den Königsbrücker Platz vertreten. Während der »Obere Hecht« als Siedlungsgebiet in den 1920er und 1930er Jahren entstand, prägen im »Unteren Hecht« Gründerzeitbauten in geschlossenen Häuserreihen das Stadtteilbild. Die Gewerbebetriebe der Leipziger Vorstadt, darunter die Steingutfabrik Villeroy & Boch und der Alte Schlachthof (siehe Seite 14), verlangten nach einer Vielzahl von Arbeitern. Von knapp 7.000 Einwohnern im Jahr 1875 stieg die Zahl innerhalb von 15 Jahren auf über 13.000 an. Es entstand ein ausgesprochenes Arbeiterwohnviertel mit der höchsten Wohndichte in Dresden.

Auch die Hofanlagen wurden intensiv für Gewerbe und Handwerk genutzt. Wo früher geklopft und gehämmert wurde, hat sich ein bunter Stadtteil entwickelt. Vor der Wende ein sozialer Brennpunkt, ist das Hechtviertel eine gefragte Wohngegend geworden. Dass der Stadtteil quasi Dresdens Prenzelberg ist, spiegelt der große Anteil von Familien und alleinerziehenden Eltern; dass viele junge Leute hierherziehen, zeigt das Durchschnittsalter der Bevölkerung, das unter 35 Jahren liegt. Beliebt sind die schönen, größtenteils schon sanierten Altbauten, die Einwohnerzahl nimmt zu, die der Plattenbauviertel nimmt ab. Alljährlich am letzten Augustwochenende macht das HechtFest den Stadtteil noch bunter.

Adresse 01097 Dresden-Leipziger Vorstadt | **ÖPNV** Straßenbahn 13, Haltestelle Bischofs-platz | **Tipp** Die 2009 ins Leben gerufene »KunstNacht Hecht« im Dezember wird von im Hechtviertel ansässigen Künstlern und Kunstinteressierten organisiert.

38 Die Heeresbäckerei

Kommissbrot und Sägemehl

Wie passend, dass diese Straße Provianthofstraße heißt. Das Lokal wirbt mit griechischem Flair, und der Supermarkt hat alles im Sortiment, was ein hungriger Zeitgenosse benötigt. Ungewöhnlich ist nur, dass aus der Taverne ein riesiger Ziegelschornstein ragt. Für einen Pizzabackofen eindeutig zu groß.

Ein großes Schild auf der Edeka-Filiale verrät den historischen Hintergrund: Hier befand sich einst die Heeresbäckerei, eine ursprünglich recht große Anlage. Zur eigentlichen Bäckerei gehörten noch Brot- und Mehlmagazine, Getreidesilo und Mühle. In einem der sanierten Speicher hat sich Anfang 2000 das Stadtarchiv Dresden einquartiert, um im militärischen Jargon zu bleiben. Mit 4.200 Urkunden, 100.000 Karten und Plänen, 150.000 Fotos und 45.000 Büchern dokumentiert es die über 800-jährige Geschichte Dresdens.

In den 1870er Jahren entstanden nördlich der Neustadt, am Rand der Dresdner Heide, neue Kasernen für Infanterie, Kavallerie und Artillerie. Zu den Militärbauten der Albertstadt gehörten nicht nur Waffenlager, Quartiere und Stallungen, es entstand eine 360 Hektar große Stadt in der Stadt. Nach dem Vorbild des Wiener Arsenals, 20 Jahre zuvor geschaffen, galt sie zur Entstehungszeit als modernste Anlage Deutschlands.

Die Bäckerei lag zwischen den Bahnanlagen und den Proviantmagazinen im Gebäudekomplex des Arsenals. Neben den Garnisonen der Albertstadtkasernen versorgte die Heeresbäckerei auch andere Einheiten der Sächsischen Armee. Bis heute hält sich hartnäckig das Gerücht, dass das Brot zur Versorgung von Soldaten aus Sägemehl gebacken wurde.

Offiziell bestand das sogenannte Kommissbrot (von Kommiss für Heeresvorräte, nicht zu verwechseln mit dem Kommis als Kontorgehilfen) aus Getreidemehl und Sauerteig. Der Verdacht liegt nahe, dass das lange haltbare Brot bei knapper Versorgungslage durchaus gestreckt wurde.

Adresse Provianthofstraße/Königsbrücker Straße, 01099 Dresden-Albertstadt | **ÖPNV** Straßenbahn 7, 8, Haltestelle Heeresbäckerei | **Tipp** Im Arsenalhauptgebäude wurde 2011 nach spektakulärem Umbau durch Daniel Libeskind das Militärhistorische Museum wiedereröffnet.

39 Das Hegenbarth-Archiv

Ein Buchkünstler aus Loschwitz

Das Atelier sieht noch aus wie zu seinen Lebzeiten, in Töpfen stecken dicht an dicht Stifte und anderes Zeichengerät, Mappen und Blätter liegen noch auf dem Schreibtisch. In der Calberlastraße lebte und arbeitete der Künstler Josef Hegenbarth rund 40 Jahre, bis zu seinem Tod 1962.

Nachdem ihm die Schule die Freude ein wenig ausgetrieben hatte, war er später ein von der Zeichenlust geradezu Besessener. Der 1884 in Böhmen geborene Hegenbarth hatte an der Dresdner Kunstakademie studiert, wo sein älterer Cousin die Studenten in Tiermalerei anleitete und auch sein Lehrer war. Seit 1905 lebte er in Dresden und verließ die Stadt nur selten. Er war, wie er selbst sagte, »über die Spannweite Prag–Berlin nie hinausgekommen«. Sein Alltag bot ihm genügend Inspiration: »Das Leben in seiner Mannigfaltigkeit einzufangen, reizt mich von jeher. Sei es das tägliche Leben, das mich umgibt, Erlebnisse hie und da im Zirkus, Theater, auf Rummelplätzen, im Zoo …«, schrieb Josef Hegenbarth 1959. Ständig unterwegs, hielt er seine Eindrücke im Skizzenbuch fest. Atmosphärische Dichte erhielten die Momentaufnahmen zu Hause im Atelier. Trümmerfrauen und Straßenarbeiter, Zirkusbilder, Tierdarstellungen – die Bandbreite seiner Motive ist groß.

Zweifellos gehört Hegenbarth zu den produktivsten Künstlern der Buchillustration. Länger als in Westdeutschland spielte das illustrierte literarische Buch in der DDR eine große Rolle – in der Kunst und in der Buchproduktion. Hegenbarth hat bis ins hohe Alter ein immenses Arbeitspensum bewältigt. So entstanden Illustrationen nicht nur zu Märchen und Sagen, auch die Klassiker der Weltliteratur, Balzac, Cervantes, Dostojewski, Goethe, Grimmelshausen, Stifter, hat er ins Bildliche übersetzt. Allein zu Gogols »Tote Seelen« hat Hegenbarth über 400 Zeichnungen geliefert. Für dramatische, drastische oder poetische Texte fand Hegenbarth die jeweils eigene Bildsprache.

Adresse Calberlastraße 2, 01326 Dresden-Loschwitz | **ÖPNV** Bus 63, Haltestelle Calberlastraße | **Öffnungszeiten** So 15–18 Uhr, Do nach Voranmeldung unter Tel. 0351/49143211 | **Tipp** Seine letzte Ruhestätte fand Josef Hegenbarth auf dem Loschwitzer Friedhof, nur ein paar Schritte von dem Haus entfernt, in dem er jahrzehntelang gewohnt hat.

40 Die Heidenschanze

Ein Wall aus der Bronzezeit

Eben noch in der Stadt, plötzlich auf dem Land: Wer sich an den südlichen Stadtrand von Dresden nach Coschütz aufmacht, gelangt zugleich auch aus dem Elbtal hinauf auf die Höhe. Östlich der Karlsruher Straße wurde in den 1970er Jahren zwar ein Gewerbegebiet erschlossen, westlich dagegen ist im alten Dorfkern noch gut zu erkennen, dass Altcoschütz als Rundling angelegt wurde (siehe Seite 16). Mitten auf dem Dorfplatz steht eine Weide, auch einige Fachwerkhäuser, zum Teil Dreiseithöfe, sind erhalten.

Ganz in der Nähe spielte sich allerdings eine viel frühere Geschichte ab: Auf der 224 Meter hohen Heidenschanze, einer Anhöhe über dem Plauenschen Grund, fand man einen der ältesten Siedlungsplätze im Dresdner Raum. Aus der Zeit um 1400 bis 1000 v. Chr., also aus der jüngeren Bronzezeit, stammt die Befestigungsanlage der Lausitzer Kultur. Die recht große Siedlung war durch einen Wall gesichert; Ausgrabungen lassen erkennen, dass es sich dabei um ein mit Erde und Steinen gefülltes Holzkammersystem handelte, eine mauerartige, fast haushohe Befestigung.

Der Wall diente aber nicht nur dem Schutz. Hier entdeckte man auch eine Werkstätte, in der Pfeilspitzen aus Knochen und Horn gefertigt wurden, sowie eine Bronzeschmelzgrube inklusive Metallbarren, Gussformen und Tondüsen für den Blasebalg. Die Funde lassen auf einen sehr regen, weithin nach Nord-, West- und Südeuropa reichenden bronzezeitlichen Handel schließen. Welche frühen Vorfahren hier lebten, darüber lässt sich nur spekulieren – die Forschung weiß einfach zu wenig. Sicher ist nur: 2.000 Jahre später hatten sich hier Elbslawen angesiedelt und die frühgeschichtliche Wallanlage anscheinend fast unverändert übernommen.

Die archäologischen Ausgrabungen begannen Mitte des 19. Jahrhunderts, im Wettlauf mit dem zeitgleich und bis in die 1950er Jahre betriebenen Steinbruch, dem Teile des Geländes zum Opfer fielen.

Adresse 01189 Dresden-Coschütz | **ÖPNV** Straßenbahn 3, Haltestelle Coschütz | **Tipp**
Im nahen Gittersee befindet sich das Museum zur Geschichte der Windbergbahn. Auf dem ehemaligen Streckenabschnitt ab Gittersee wurde ein Wanderweg angelegt, der der Trasse über Kleinnaundorf nach Bannewitz und Possendorf folgt.

41 Das Hochwasserdepot
Sicherheit unterm Dach

Im August 2002 versetzte die Elbe Dresden in den Ausnahmezustand. Der Pegelstand stieg und stieg. Das Jahrhunderthochwasser verschonte auch die Dresdner Kunstschätze nicht: Wasser drang in die Kellerdepots von Albertinum und Zwinger. Gerade noch rechtzeitig gelang es den vielen Helfern, mit einer großen Kunstrettungsaktion die eingelagerten wertvollen Gemälde und Skulpturen zu bergen.

»Bellotto kommt nicht mehr ins Aquarium«, forderte damals Martin Roth, Generaldirektor der Staatlichen Kunstsammlungen Dresden.

Nach den Schäden durch die Flutkatastrophe wurde das Albertinum sechs Jahre renoviert und umfassend modernisiert. Dass die alte Pracht jetzt ganz neu und frisch daherkommt, verdankt Dresden prominenten Künstlern. Gerhard Richter spendete als Erster ein Bild, Georg Baselitz, A. R. Penck und andere schlossen sich an. Bei der Auktion der mehr als 40 Werke in Berlin kamen rund 3,4 Millionen Euro als Grundstock für die Sanierung zusammen.

Einen Großteil der insgesamt mehr als 50 Millionen finanzierte das Land Sachsen, auch mit dem Ziel, die Kunstwerke künftig wirksam vor einer neuen Flut zu schützen. Wo ist ein Gemäldedepot garantiert hochwassersicher untergebracht? Unterm Dach! Das Berliner Büro des Architekten Volker Staab entwarf einen etwas hochtrabend »Arche für die Kunst« genannten Dachaufbau für das Gebäude. Wie eine Brücke hängt das neue Depot über dem Hof des Albertinums. Die Unterseite ist als opak leuchtende Fläche ausgeführt, zwei sogenannte »Lichtfugen« an den Längsseiten lassen Tageslicht in den Innenhof. So wird auch das Volumen des Baukörpers (zwei neue Stockwerke mit einer Fläche von rund 3.450 Quadratmetern und einem Gewicht von 2.700 Tonnen bieten Platz für Depots und Werkstätten) erst auf den zweiten Blick erfahrbar. Früher Parkplatz, entstand ein überdachter, aber trotzdem gut belichteter Innenhof, einer der schönsten Orte des Museums.

Erhrei den Gegenwart

skulpturenhalle

Adresse Albertinum, Georg-Treu-Platz 2, 01067 Dresden-Altstadt | **ÖPNV** Straßenbahn 3, 7, Haltestelle Synagoge | **Öffnungszeiten** Di–So 10–18 Uhr | **Tipp** In der Galerie Neue Meister im Albertinum hat der gebürtige Dresdner Gerhard Richter zwei Sammlungsräume mit seinen Werken eingerichtet.

42 Die Hochwassermarken
Wenn der Fluss überläuft

»Unverwüstlich« hat die wunderbare sächsische Dichterin Lene Voigt ihre Landsleute genannt. »Nich dod ze griechn«: »Drifft die ooch Gummer Daach fier Daach, ihr froher Mut wärd siechen … Was andre forschtbar schwär genomm', däm fiehln se sich gewachsen. Un schwimm de lätztn Felle fort, dann schwimmse mit …« Dresden hat Kriege, Feuersbrünste, Zerstörung und Diktatur überstanden – und auch einige Überschwemmungen. »Land unter« hieß es 1830, 1845, 1862, 1876, 1890, 1900, 1920, 1940. Die Bereitschaft, nach jedem Tiefschlag wieder aufzustehen, kennzeichnet die Sachsen.

Auch andere Anrainer, am Rhein etwa, haben sich mit den regelmäßigen Überschwemmungen arrangiert. Der August 2002 brachte aber selbst furchtlosen Zeitgenossen neuen Respekt vor der Gewalt der Natur bei. Bei der Jahrhundertflut schwammen an der Elbe nicht nur Felle fort. Pegelstand 9,40 Meter: Das war dann doch ein historischer Rekord (das Jahresmittel sind zwei Meter). Gestapelte Sandsackmauern hielten das Wasser nicht mehr auf. Binnen weniger Stunden drang die reißende Elbe nach heftigem Dauerregen in Keller und Parterre, die Stadt stand unter Wasser, der braune Strom wälzte sich selbst durch den Hauptbahnhof.

Was aber vorwiegend der Elbe angelastet wurde, ist das Zusammentreffen hoher Pegelstände auch der Nebenflüsse wie der Weißeritz. Auch der Kaitzbach war beteiligt am Überstau im Kanalsystem und verursachte so manchen Schaden, denkt man nur an die Überflutung des Depots im Albertinum (siehe Seite 90 und 100).

21 Tote waren in Sachsen zu beklagen, die Schäden beliefen sich auf mehrere Milliarden Euro. Betroffen war nicht nur Dresden, Hochwassermarken finden sich in Rathen ebenso wie in Pirna oder Meißen, im Erzgebirge oder im Müglitztal. An Privathäusern und an öffentlichen Gebäuden markieren die Strichsäulen historische Pegelstände – ganz oben der Eintrag 2002.

*Hochwasser-
stände*

31. 3. 1845   17. 8. 2002

6. 9. 1890

3. 2. 1862
1. 3. 1784

Adresse Wasserpalais, 01326 Dresden-Pillnitz | **ÖPNV** Bus 63, Haltestelle Pillnitzer Platz | **Öffnungszeiten** Schlosspark täglich ab 6 Uhr, Schließung je nach Jahreszeit nach Einbruch der Dämmerung | **Tipp** Der Hochwasserlehrpfad am Elbufer der Altstadt informiert mit einigen Schautafeln über den Hochwasserschutz in Dresden, www.hochwasserlehrpfad-dresden.de.

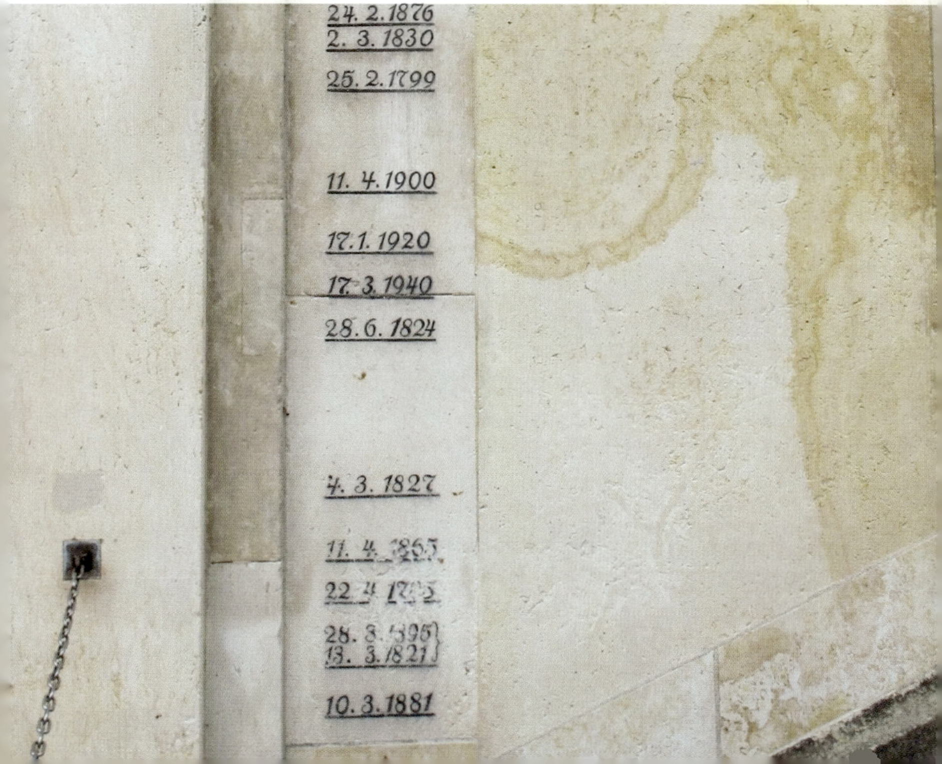

24. 2. 1876
2. 3. 1830
25. 2. 1799

11. 4. 1900

17. 1. 1920

17. 3. 1940

28. 6. 1824

4. 3. 1827

11. 4. 1865

22. 4. 1845

28. 3. 1795
13. 3. 1821

10. 3. 1881

43__Der Hof der Elemente

Wassermusik aus vollen Rohren

Wassermusik, da kann man an Händel denken, an T. C. Boyle oder auch an die Comedian Harmonists und ihre »Regentropfen, die an dein Fenster klopfen«. Instrumente an der Hauswand, die das Wasser geradewegs aus dem Himmel ableiten, liegen nicht unbedingt auf der Hand. In den Kunsthofpassagen sind aber gerade die trompetenförmigen Trichter, die sich an einer meerblauen Fassade emporranken, ein Besuchermagnet und beliebtes Fotomotiv.

Gründerzeitgebäude mit prächtiger Vorderfassade sind der große Aktivposten der Äußeren Neustadt, weniger prächtig sind in der Regel die Rückfronten. Wie macht man aus schlichten Hinterhäusern und dunklen Hinterhöfen das Schmuckstück eines ganzen Viertels? Es begann 1997 mit der Sanierung des denkmalgeschützten Hauses Alaunstraße 70. Viola Schöpe gestaltete den Hinterhof mit bunten, in den Putz eingelassenen Mosaikgebilden aus italienischen Ornamentfliesen, portugiesischen Azulejos und Meißner Keramik. Den »Hof der Fabelwesen« nennt die Dresdner Künstlerin selbst »Hof der Tansformation«. Später wurden mehrere Höfe verbunden, junge Künstler gestalteten auch dort die Hauswände. Kreativ, farbenfroh und kontrastreich: Im »Hof der Metamorphosen« verwandeln sich zwei hohe rostige Schilde in der Dämmerung in schlanke Lichtsäulen. Im benachbarten »Hof der Tiere« reckt eine Giraffe aus Elbsandstein ihren Hals vor grünem Putz in die Höhe, sehen die Balkone aus wie afrikanische Schwalbennester, springt eine Affenherde von Fenster zu Fenster.

Der »Hof der Elemente« ist das kreative Werk der drei Künstler Annette Paul, Christoph Roßner und André Tempel. Sie brachten das System aus Rohren und Trichtern an und stellten der Wasserfassade mit dem »Regentheater« die Sonnenfassade gegenüber, an der goldene Alubleche glitzern. Übrigens: Auch das echte Regenwasser wird für einen Brauchwasserkreislauf aufgefangen und damit die Brunnen in den Höfen betrieben.

Adresse Kunsthofpassage, Alaunstraße 70/Görlitzer Straße 25, 01099 Dresden-Äußere Neustadt, www.kunsthof-dresden.de, www.kunsthofpassage.de | **ÖPNV** Straßenbahn 7, 8, Haltestelle Bischofsweg | **Tipp** Zu jeder halben und vollen Stunde rauscht im Sommer das Wasser durch die Rohre.

44__ Der Hohe Stein

Ein Fels in der Brandung

So weit der Ort heute auch vom Meer entfernt liegt: Hier schlugen einst die Brandungswellen eines Kreidezeit-Ozeans an den Felsen. Die Geologen erkennen es am Vorkommen bestimmter Fossilien und Gesteine. Letztere wurden ein paar Millionen Jahre später auch ökonomisch interessant: Nicht nur der Hohe Stein wurde als Steinbruch ausgeschlachtet, um 1930 gab es im Plauenschen Grund mehr als ein Dutzend Steinbrüche an den Talhängen. Sie versorgten Dresden mit großen Mengen an Syenodiorit für das Straßenpflaster. Auch Monzonit genannt, eignet sich das harte, granitähnliche Gestein nicht nur für den Häuserbau, es ist auch politurfähig und diente neben der Verwendung als Dekorstein für Fassaden, Fensterbänke, Treppen- und Bodenbeläge auch als Material für Bildhauer und Steinmetze.

Noch bis zur Mitte des 19. Jahrhunderts war der Plauensche Grund mit der Weißeritz ein wildes, ursprüngliches Tal, das besonders die Dresdner Romantiker schätzten. Vom Hohen Stein blickt man heute auf Verkehrs- und Industriebauten: An der Stelle einer Mühle entstanden die Gebäude der Brauerei »Zum Felsenkeller«, die um 1900 eine der größten Deutschlands war, heute aber selbst nur noch ein Industriedenkmal ist. Ihr Name bezieht sich auf eine in den Felshang gehauene Stollenanlage mit neun jeweils 66 Meter tiefen Felsenstollen, die als Eiskeller genutzt wurden.

1864 entstand neben einem Ausflugsrestaurant der heute noch erhaltene Aussichtsturm auf der einstigen Klippe. Rundherum ließ Ende des 19. Jahrhunderts die Felsenkellerbrauerei einen Park anlegen, wobei auch die Aussichtsbastion entstand. Ein weiteres Areal erwarb Erwin Bienert, ein Spross der Mühlenbesitzerfamilie, und ließ es zum Landschaftspark umgestalten, dem heutigen »Bienertpark«. Für den Turm mit dem unverwechselbaren Lochmauerwerk bürgerte sich derselbe Name ein wie für die Felsformation, auf der er steht: Hoher Stein.

Adresse nahe Coschützer Straße, 01187 Dresden-Plauen | **ÖPNV** Bus 63, Haltestelle Coschützer Straße, dann zu Fuß | **Tipp** Vom Hohen Stein gelangt man über Pfade und Treppen hinunter zur Brauerei und von dort entlang der Weißeritz zur Bienertmühle (siehe Seite 36).

45__Der Junge auf der Mauer

Ein Kind der Königsbrücker Straße

Unweit des Albertplatzes wuchs der kleine Erich in einer der klein-bürgerlich-proletarischen Mietskasernen der Königsbrücker Straße auf.

Im Haus Nr. 66, unterm Dach, wurde er 1899 geboren. Zweimal zog er mit seiner Familie in derselben Straße um, jedes Mal eine Etage tiefer und näher an den Platz. »Wir zogen tiefer, weil es mit uns bergauf ging«, schreibt Erich Kästner in seinen Erinnerungen.

Sein Onkel Franz Augustin war ein reicher Pferdehändler. Mit seiner Frau Lina und seiner Tochter Dora – Vorbild für die Figur »Pünktchen« – bewohnte er die Villa Augustin am Albertplatz. Hier verbrachte der Schriftsteller als Junge viele unbeschwerte Stunden: »Am liebsten hockte ich dann auf der Gartenmauer und schaute dem Leben und Treiben auf dem Albertplatze zu.« Was Erich Kästner in seinen Kindheiterinnerungen beschreibt, regte Mátyás Varga zu seinem Kunstwerk an. Der ungarische Künstler hat in Dresden an der Hochschule für Bildende Künste studiert und als Maler und Bildhauer gearbeitet, lebt inzwischen aber in Berlin. Seine Bronzeplastik zeigt den beliebten Autor vieler Kinderbuchklassiker wie »Emil und die Detektive« und »Das doppelte Lottchen« als eben jenen Jungen auf der Mauer.

In der Villa Augustin residieren heute das Literaturbüro Dresden, das Literaturhaus und Dresdner Autorenvereinigungen von der Unabhängigen Schriftsteller Assoziation Dresden bis zum Kinderclub Pinguin Pen. Rund um das geschriebene und gedruckte Wort kreist hier alles – der Stadtschreiber für Dresden wird verpflichtet und der Dresdner Lyrikpreis vergeben, ein Lyrikfestival als »Poesiekarawane« auf die Beine gestellt, der Rätselkoffer auf die Reise geschickt, Schreibwerkstätten und Lesereihen organisiert. Nicht minder rührig ist das interaktive Erich-Kästner-Museum, das Kinder als rasende Reporter auf die Erich-Kästner-Rallye schickt. Bestimmt auch in die Königsbrücker Straße 66.

Adresse Albertplatz/Antonstraße 1, 01097 Dresden-Neustadt | **ÖPNV** Straßenbahn 3, 6, 7, 8, 11, Haltestelle Albertplatz | **Tipp** Wer weiterlesen möchte: Erich Kästner beschreibt seine glückliche Kindheit in »Als ich ein kleiner Junge war«.

46 __ Der Kaitzbach

Ein Wasserkunstweg

Durch Kanalisierung und Überdeckelung ist Wasser nicht nur aus dem Stadtbild verdrängt, sondern auch aus dem öffentlichen Bewusstsein verschwunden. Die »Dresdner Sezession 89«, eine Gruppe von Künstlerinnen, erinnerte mit ihrer Mnemosyne-Projektreihe, benannt nach der griechischen Göttin der Erinnerung und Mutter der neun Musen, an die verschwundenen Wasserläufe der Stadt. Zunächst temporäre Installationen, ist der unterirdische Verlauf des Kaitzbachs seit Ende der 1990er Jahre an der Oberfläche dauerhaft mit dem »WasserKunstWeg« markiert.

Im Süden Dresdens entspringend, führt der Kaitzbach von den Seen im Großen Garten durch die Stadt bis zum Terrassenufer. Bereits im Mittelalter speiste er den Wassergraben vor der Befestigungsmauer. Für die Gestaltung der Bürgerwiese zum englischen Landschaftspark wurde der Kaitzbach umgeleitet – um das Terrain malerischer wirken zu lassen und einen Teich zu speisen. Die industrielle Entwicklung verdrängte ihn schließlich aus dem Stadtbild.

Der Parcours folgt quasi als oberirdische Spur dem Bachverlauf. Geradezu prophetisch wirkt die Arbeit »Haltepunkte« von Benny K. Gutmann, dessen vergrößerte Edelstahlablaufsiebe am Dr.-Külz-Ring beim Jahrhundertwasser als Wasserabflüsse sicher sehr willkommen gewesen wären.

Das Kunstwerk »Aqualux« von Kirsten Kaiser steht auf der Wiese am Hasenberg. Ihre Installation aus Acrylglas ist tagsüber unauffällig, nachts erstrahlen die den Bachverlauf nachzeichnenden Elemente mittels LED-Leuchten. Das blaue Licht verbindet sich mit dem transparenten Material zu einem schlüssigen Symbol für Wasser.

Die stachelige Halbkugel von Angela Hampel im Boden vor dem Stadtmuseum steht zum Kaitzbach nur noch vermittelt in Bezug. Ursprünglich eine Art transparente Blase aus Polycarbonat, besteht sie heute aus massivem Stahl, weil sie immer wieder zum Opfer von Vandalismus wurde.

Adresse Aqualux, Hasenberg, 01067 Dresden-Altstadt, www.wasserkunstweg.de | **ÖPNV** Straßenbahn 3, 7, Haltestelle Synagoge | **Tipp** Von der Künstlerin Angela Hampel stammt auch die Pieschener Undine (siehe Seite 212).

47 Die Kakadu-Bar

Ein Mythos im Osten

Anfang der 1960er Jahre trifft Siggi, der in Dresden ein Studium als Bühnenbildner macht, in einem Park auf einige Gleichaltrige, die Rock 'n' Roll tanzen. Von Luise, einer jungen Frau aus der Gruppe, fühlt Siggi sich sofort angezogen. Doch dann treffen Einheiten der Volkspolizei ein und knüppeln die Jugendlichen auseinander, bevor die Tanzveranstaltung überhaupt richtig in Gang kommt. Siggi, Luise und deren Ehemann Wolle treffen sich im »Roten Kakadu« wieder, wo neben Unterhaltungsmusik aus der DDR vor allem Jazz, Blues und Rock 'n' Roll live gespielt wird. In der Tanzbar lässt aber auch das »Ministerium für Staatssicherheit« die Besucher beobachten. Eines Abends wird Wolle übermütig und uriniert in das Glas eines Stasiagenten.

So weit der »Rote Kakadu« von Dominik Graf (2006). Was der Regisseur in seinem Film erzählt, ist die Geschichte des legendären Musikclubs im Dresdner Parkhotel. Der »Rote Kakadu« galt als verruchte Nachtbar. Der Andrang war enorm, vor allem wenn Bands live spielten, und an den Wochenenden platzte das Tanzlokal aus den Nähten. Hartnäckigen, aber nicht unbedingt wahren Gerüchten zufolge pinkelten die Gäste in Biergläser, wenn es ihnen wegen der gedrängten Enge nicht gelang, die Toilette aufzusuchen.

Das Parkhotel entstand 1914 im Jugendstil, als der Weiße Hirsch sich zum europaweit bekannten Kurort entwickelte. Nach Kriegsende wurde das Parkhotel 1945 von Sowjets besetzt, der Ballsaal diente als Pferdestall. 1990 geschlossen und 2007 wiedereröffnet, war der »Mythos im Osten« selbst Ulrich Wickert eine Erwähnung in den Tagesthemen wert. Das Flair der 1960er und 1970er Jahre mit Separees in der Kakadu-Kellerbar wurde nahezu originalgetreu restauriert.

Der Blaue Salon ist gar nicht blau, und in der Kakadu-Bar gibt's nur einen Porzellan-Kakadu. Aber der Ballsaal ist ein echter Ballsaal. Und das Parkhotel wieder eine Adresse im Dresdner Nachtleben.

Adresse Parkhotel Dresden, Bautzner Landstraße 7, 01324 Dresden-Weißer Hirsch, www.parkhotel-dresden.de, www.blauersalon.com | **ÖPNV** Straßenbahn 11, Haltestelle Plattleite | **Tipp** Im Parkhotel findet alljährlich im Frühjahr der Hutball statt – nicht zu vergleichen mit dem förmlichen Semperopernball, sondern ein schräges Vergnügen: Hauptsache, behütet.

48_ Die Kamelie

Auf Pflanzenjagd in Asien

Ein eigenes fahrbares Gewächshaus schützt die älteste Kamelie Europas nördlich der Alpen vor Winterkälte. Rund 35.000 karminrote Blüten entfaltet die baumgroße Pflanze von Februar bis April im Park von Schloss Pillnitz. Um 1776/78 aus Japan importiert, kam sie aus ihren fernen Gefilden über London nach Dresden. Schon Ende des 18. Jahrhunderts machten sich professionelle Pflanzenjäger auf den Weg nach Asien und Amerika. Von den gesammelten Pflanzen kamen allerdings nur wenige lebend an, mitunter nur eine von tausend. Die Kamelie aus dem schwer zugänglichen Japan hat vermutlich der schwedische Naturforscher Carl Peter Thunberg mitgebracht, der dort als Arzt tätig war und 1778 via Ceylon nach Europa zurückkehrte. Die Pillnitzer Kamelie ist wohl eines von vier Exemplaren der Art Camellia japonica, die er den Kew Gardens überließ. Während eine Pflanze in den königlich botanischen Gärten bei London blieb, wurden die anderen an die Herrscher in Herrenhausen und Schönbrunn sowie an den Dresdner Hof weitergereicht.

Schon an den barocken Höfen frönte man der Liebhaberei zu exotischen Pflanzen. Auch August der Starke ließ in den südlichen Ländern eifrig Zitronen-, Orangen-, Pomeranzen- und Granatapfelbäume erwerben. Weil er kein Winterquartier für seine wertvolle Pflanzensammlung hatte, musste er sie in Leipzig beim Kaufmann Apel unterstellen. Das ließ ihm keine Ruhe – der Zwinger war ursprünglich als winterfeste Orangerie geplant.

Im 19. Jahrhundert wurde die Kamelie zur gefragten Modeblume. Johann Heinrich Seidel war auf gärtnerischer Bildungsreise unterwegs gewesen, in England und den Niederlanden, deutschen Residenzstädten, Wien und Paris, bevor er 1778 kurfürstlicher und 1806 königlicher Hofgärtner in Dresden wurde. Zwei seiner Söhne gründeten 1813 eine Gärtnerei in Dresden, die bald ganz Europa mit Kamelien belieferte und den sächsischen Gartenbau weltberühmt machte (siehe Seite 156).

Adresse Schloss und Park Pillnitz, 01326 Dresden-Pillnitz, www.schlosspillnitz.de.de |
ÖPNV Bus 63, Haltestelle Bodemer Weg | **Öffnungszeiten** Nov.–März Sa und So um
13 Uhr Führungen durch das Palmenhaus | **Tipp** Beachtung verdient auch das Palmen-
haus, das zu den ältesten großen Gewächshäusern Deutschlands gehört. In Fußnähe zu
Schloss Pillnitz liegt der Königliche Weinberg (siehe Seite 112).

49___Die Käseglocke

Ein Platz sucht seine Zukunft

Der sogenannte Volksmund neigt selten dazu, den Gegebenheiten verklärende oder gar poetische Namen zu verpassen. Wie die abgerissene Großgaststätte am Zwinger nur Fresswürfel hieß, musste auch der Pavillon auf dem Postplatz mit einem wenig liebevollen Spitznamen zurechtkommen. Das 1928 eingeweihte, kreisrunde Gebäude verdankt seinen Namen dem leicht getreppten Dach. Jahrzehntelang ein stadtbekannter Treffpunkt, hat die Käseglocke schon einiges miterlebt, war Wartehäuschen und Servicezentrum der Dresdner Verkehrsbetriebe, und die Kellerräume dienten lange als unterirdische Bedürfnisanstalt.

Auf dem überdimensioniert wirkenden Postplatz verweisen bislang nur die Skulpturen darauf, dass es hier ehrgeizige städteplanerische Ambitionen für die Zukunft gibt. »Waterscreen« von Rainer Splitt wirkt im vier mal zwölf Meter großen dunkelroten Rahmen vor dem Schauspielhaus wie ein Bühnenvorhang aus Wasser. Die Installation setzt Wasser als Kunst-Akteur ein, anstatt, wie der Künstler sagt, eine Skulptur nur nass zu machen. Erwin Staches »Klangmomente« vor dem Wilsdruffer Kubus wiederum lassen Alltagsgegenstände wie Fahrradständer, Papierkörbe und Poller zu Instrumenten werden: Bewegungsmelder setzen Wassergeräusche wie Tropfen oder Rauschen in Gang.

Rund um die Frauenkirche kann der Eindruck entstehen, als solle fast ausschließlich das historische Dresden wiederhergestellt werden. Jenseits der »Leuchttürme« wird jedoch sehr schnell klar: An den zentralen Plätzen rundherum – am Pirnaischen Platz, am Altmarkt und am Postplatz – hat sich der Traum vom alten Dresden ausgeträumt. Anders als am Neumarkt gibt es hier offensichtlich keinen urbanistischen Masterplan zur historisch-historisierenden Rekonstruktion. Der gegenwärtig noch strukturlose Postplatz wird im Grunde völlig neu erschaffen – auf dem ringsumher überreichlich vorhandenen Brachland wird kräftig gebaggert und gebaut.

Adresse Postplatz, 01067 Dresden-Altstadt | **ÖPNV** Straßenbahn 1, 2, 4, 8, 9, 11, 12, Haltestelle Postplatz | **Tipp** Das Mahnmal für den Ostberliner Volksaufstand am 17. Juni 1953 erinnert an die historische Bedeutung des Platzes. Heidemarie Dreßel wählte dafür die Form einer sich aufbäumenden Panzerkette.

50 Der Kirschkern

Ein Zwerg unter Riesen

Das Grüne Gewölbe ist phantastisch, prachtvoll, einzigartig. Und der Sammelehrgeiz der kunstsinnigen und prunksüchtigen Monarchen war ungeheuer. Goldenes Kaffeezeug, in Silber und Gold gefasste Juwelen, ein grüner Diamant – wer wird sich angesichts der Überfülle geradezu legendärer Schätze für einen Kirschkern interessieren?

Trotz der geballten Herrlichkeit in der Schatzkammer hat es ein Winzling zum heimlichen Star gebracht.

Das Meisterwerk der Mikroschnitzerei traf als Geschenk ein: »I Kirschkern in goldt eingefaßt, dorauf 185 allerley angesichte«, verzeichnete Ende des 16. Jahrhunderts das Inventar. Geheimer Rat, Hofmarschall und Reichspfennigmeister Christoph von Loß, ein einflussreicher, gebildeter und weltläufiger Hofbeamter, hatte es dem Kurfürsten verehrt. Tatsächlich lassen sich auf dem mit Feinstwerkzeug unter der Lupe geschnitzten Kirschkern wohl etwas weniger Gesichter erkennen, aber die populäre Zahl 185 hat sich durchgesetzt. Der Kirschkern ist in ein kostbares Ohrgehänge gefasst; weitere aus derselben Zeit stammende Kirschkerne zeigen Bibelgeschichten, Porträts oder Wappen in filigranster Ausführung.

In der schon 1560 gegründeten Wunderkammer gab es nicht nur Kleinodien und Preziosen, sondern auch Raritäten der Natur – Straußeneier, Einhörner (eigentlich Narwalzähne), Monsterperlen, Natternzungen (eigentlich fossile Haifischzähne), Schildkrötenpanzer und Seeschneckengehäuse. Zudem sind Dresdens Schätze durchweg erworben, nicht geraubt.

Die Wettiner holten Architekten, Handwerker und Künstler ins Land und förderten die Produktion von Luxusgütern, installierten Spiegel- und Leinenmanufakturen, Glashütten, Teppichwirkereien … Ob Bernsteinmobiliar, Geschliffenes aus Bergkristall, Emailminiaturen oder filigrane Zierlichkeiten aus Elfenbein, alles musste von feinster Qualität sein.

Adresse Neues Grünes Gewölbe im Residenzschloss, Schlossplatz, 01067 Dresden-Altstadt | **ÖPNV** Straßenbahn 4, 8, 9, Haltestelle Theaterplatz | **Öffnungszeiten** Mo, Mi–So 10–18 Uhr | **Tipp** Das starke Interesse des sächsischen Herrscherhauses am Handwerk dokumentiert auch die Sammlung feinmechanischer Instrumente, astronomischer Geräte sowie Mess- und Rechenapparate im Mathematisch-Physikalischen Salon.

51 Das Klemperer-Grab

Baugeld vom Führer

Immer in Geldnöten. Der Hausbau war vom mageren Sold eines Professors an der Technischen Hochschule einfach nicht finanzierbar, und Ersparnisse gab es nicht. Dem Romanisten Victor Klemperer, bis 1934 noch im Amt, machte die Kapitalbeschaffung mindestens so viel zu schaffen wie die gleich nach Machtübernahme immer dreister auftretenden Nationalsozialisten. Fast täglich notierte er neue Anzeichen für den scheinbar nahen Zusammenbruch des Dritten Reichs, über Hitler schreibt er hoffnungsvoll: »Der Mann ist verloren und fühlt es.« Während Klemperer – sonst klarsichtig und prophetisch wie kaum jemand – 1933 noch die Hoffnung umtrieb, der Spuk sei schnell wieder vorbei, wurde ein Hausbau zur fixen Idee seiner Frau Eva.

Die Bauvorschriften des Dritten Reichs verlangten »deutsche« Häuser – also mit Giebel, flache Dächer seien »undeutsch«. Zum Glück fand Eva Klemperer rasch Gefallen daran. Klemperer selbst sah höchste Ironie darin, dass er von Bekannten eine Hypothek ausgerechnet aufgrund eines Gesetzes der Nationalsozialisten erhielt: Auslandsguthaben aller Deutschen mussten aufgelöst werden, die Regierung übernahm die Devisen und zahlte in Reichsmark aus. »Ich habe Baugeld durch den Führer bekommen«, schreibt er in seinem Tagebuch im Juli 1934.

Im September war Richtfest, im Oktober Einzug – aus der Sicht der Nachgeborenen ein erstaunliches Unternehmen. Im Tagebuch klagt Victor Klemperer mehrfach über den steilen Nachhauseweg. Seine letzte Ruhestätte fand er 1960 noch höher: Auf dem Dölzschener Friedhof mit Blick über das Elbtal, tief unten drunter donnern Autos und Lkws durch den Tunnel, der für die Autobahn nach Prag gegraben wurde.

1940 wurden Klemperers aus ihrem Haus gejagt und in einem »Judenhaus« interniert. Nur mit Glück überlebten sie und erhielten ihr Haus nach Ende des Zweiten Weltkriegs zurück.

EVA
KLEMPERER
GEB. 12. 7. 1882
GEST. 8. 7. 1951

DU BIST MIR IMMER
GEGANGEN VORAN, O HERZ,
BEI TAG UND NACHT

VICTOR
KLEMPERER
GEB. 9. 10. 1881
GEST. 11. 2. 1960

Adresse Friedhofsweg, 01187 Dresden-Dölzschen | **ÖPNV** Bus 62, Haltestelle Dölzschen | **Tipp** Zum Weiterlesen: Victor Klemperers Tagebücher 1933–1945 erschienen lange nach seinem Tod unter dem Titel »Ich will Zeugnis ablegen bis zum letzten«.

52 Der Königliche Weinberg
Hanglage mit Wächter

Oberhalb der Elbhänge führt der Sächsische Weinwanderweg entlang, der die reizvolle, durch über 800 Jahre Weinbau geprägte Landschaft auf die schönste Art erschließt. Ein großer Teil der Rebflächen im kleinsten deutschen Anbaugebiet sind sonnenbegünstigte – und arbeitsaufwendige – Steillagen.

Die zahllosen Trockenmauern und Treppchen haben noch viel Vergangenheitscharme. Dass sie eingeführt wurden, dafür sorgte ein kurfürstlicher Erlass im Jahr 1600, der den Weinbau nach »Württembergischer Art« befahl – in Süddeutschland hatte man den Terrassenbau als vorteilhaft für die Qualität erkannt. Und als das Gesetz nicht half – die Winzer scheuten den Aufwand –, gab es staatliche Förderung! Wer bei der althergebrachten »meißnischen Art« blieb, erhielt eben weniger Geld für seinen Wein. Bis heute spiegelt das der Ertrag: Während im Vergleich der Weinbaugebiete Rheinhessen mit 112 Hektolitern pro Hektar an der Spitze liegt, bringt ein Hektar Rebfläche an der Elbe im Durchschnitt nur 63 Hektoliter. Es wundert nicht, dass den Winzern daran lag, auch leichter zu bewirtschaftende flache Lagen aufzureben. Ein Erlass von Kurfürst Johann Georg III. aus dem Jahr 1684 verbot dies: »Wo der Pflug kann gehn, dort soll kein Weinstock stehn!« Nach dem Dreißigjährigen Krieg brauchte man dringend Getreide.

Vom Waldrand in Pillnitz blickt man hinunter auf den Königlichen Weinberg und das zierliche Kirchlein »Zum Heiligen Geist« – schöner könnte eine Weinbergkapelle nicht heißen, auch wenn nicht Traubendestillat, sondern die christliche Dreifaltigkeit gemeint ist. Die charakteristischen Wächterhäuschen, zierliche Pavillons oben am Leitenweg, dienten den Weinbergwächtern als Quartier. Eigentümer des denkmalgeschützten Fleckchens ist der Freistaat als »Erbe« des Königreichs Sachsen; an die Winzer sind die Parzellen nur verpachtet. Also übernahm das Land die teure Instandsetzung der Trockenmauern.

Adresse Leitenweg, 01326 Dresden-Pillnitz, www.weinwanderweg-sachsen.de | **ÖPNV** Bus 63, Haltestelle Rathaus Pillnitz | **Tipp** Als »Schneiders Delle« wird das Wegstück vom Leitenpfad den Borsberghang hinunter zum Bergweg bezeichnet. An den Serpentinen lädt eine Bank zum Betrachten der Idylle ein. Ein Weinlehrpfad am Leitenweg gibt Erläuterungen.

53__ Das Körnerhaus

Winzerhaus mit Weinspalier

Was für ein hübsches Haus, das da so auf einer Mauer sitzt und auf die Straße lugt! »Schnugglich« würde man das wohl nennen. Das zweigeschossige Gebäude stammt noch aus dem 17. Jahrhundert und zählt damit zu den ältesten erhaltenen Landhäusern in Loschwitz – die Villenbebauung der Elbhänge setzte erst ab Mitte des 19. Jahrhunderts ein. Seit dem 16. Jahrhundert war das Dorf als Sommersitz außerhalb der Stadt bei begüterten Familien beliebt, meist besaß oder mietete man einfache Winzerhäuser.

Christian Gottfried Körner, Vater des »Freiheitsdichters« Theodor Körner, besaß hier seit 1785 eine Sommerwohnung. Damals reichte das Weinberggrundstück hinter dem hübschen Körnerhaus noch vom Elbpfad (heute Körnerweg) bis zur Schillerstraße (damals Stadtweg). Die Geistesgrößen ihrer Zeit – Goethe, Kleist, Tieck, Novalis, die Brüder Schlegel, Mozart und viele andere – weilten gern im Stadthaus der Körnerfamilie in der Neustadt, und mindestens so gern kamen sie auch zu Besuch ins Sommerhaus. Der vielseitig gebildete und interessierte Jurist unterhielt in Dresden einen weite Verbindungen knüpfenden Zirkel literarischer und künstlerischer Geselligkeit.

Gleich mehrfach zu Besuch war Friedrich Schiller, den Körner verehrte und nach Dresden einlud. 1785 nahm der Dichter Quartier bei der gastfreundlichen Familie, zumindest gelegentlich auch im Gartenpavillon im Körner'schen Weinberg.

Hier arbeitete Schiller am Manuskript des »Don Carlos«, wenn ihn die Geschäftigkeit im Körner'schen Haus zu sehr ablenkte – und vollendete wohl auch die Ode »An die Freude«. Früher stand hier die Weinpresse. Zwei Jahre blieb Schiller bei seinem Freund und Förderer, 1792 und 1801 besuchte er seinen Vertrauten in Dresden erneut für einige Wochen. Nach dem Tod des Dichters gab Körner ab 1812 die erste Gesamtausgabe der Werke Schillers bei Cotta in Stuttgart heraus.

Adresse Körnerweg 6, 01326 Dresden-Loschwitz | **ÖPNV** Bus 61, 63, Haltestelle Körner-platz | **Öffnungszeiten** Das Haus wird privat bewohnt. | **Tipp** Im Schillerhäuschen, dem ehemaligen Gartenpavillon, wird heute an den Dichter erinnert. An Wochenenden ist das kleine Museum von 10 bis 17 Uhr geöffnet.

54 Das Körnigreich

Die Dachbodenausstellungen im Wallgässchen

Lange waren seine Werke unter Verschluss. Er selbst geriet in Vergessenheit. 1961 beschloss Hans Körnig auf einer Reise in die Niederlande und nach Belgien, der DDR den Rücken zu kehren. Mehr unfreiwillig als freiwillig verließ der Maler seine Heimat – sein Ausschluss aus dem Verband Bildender Künstler 1958 kam einem Berufsverbot gleich. Missliebig hatte ihn seine Radierung »Straße der Befreiung« gemacht: Auf dem Bild geraten Hammer und Sichel einer Sowjetfahne unter die Hufe des Goldenen Reiters.

In der Dresdner Neustadt war Körnig zu Hause, im Wallgässchen 2 hatte er über zwei Jahrzehnte lang sein Atelier. Der 1905 geborene Hans Körnig hatte in den 1930er Jahren in Dresden studiert. Der Krieg war eine erste Zäsur: 1939 wurde Körnig eingezogen und blieb sechs Jahre an der Front. 1954 und 1955 zeigte Körnig mangels Alternativen seine Werke in Eigenregie: Die beiden Dachbodenausstellungen wurden legendär. Beeindruckt war sein Lehrer Otto Dix, beeindruckt waren auch junge Malerkollegen wie Baselitz und Penck. Es schien, als habe sich Hans Körnig einen Namen gemacht.

1961 wurde zur zweiten Zäsur. Körnig arbeitete in Niederbayern, alle seine Arbeiten blieben in Dresden. Vom Staat beschlagnahmt, verschwanden sie in Depots. Im Westen konnte der Maler nicht mehr an seine Dresdner Erfolge anknüpfen. Im Oktober 1989 setzte er seinem Leben ein Ende, als er zu erblinden drohte, nur wenige Wochen vor der Wende.

Genau an der Stelle des einstigen Ateliers, im Wallgässchen 2, eröffnete ein kleines Museum mit einigen seiner Gemälde, darunter Selbstporträts, Zirkus- und Faschingsszenen, Familienbilder, und den Aquatinta-Radierungen, als deren Meister er gilt. Die Exponate hat der Unternehmer Rudolf Presl gestellt, der den Nachlass des Künstlers von Körnigs drei Töchtern erwarb. Der politische Umbruch hatte den Weg geebnet für die Freigabe und Rückübertragung der Werke.

Adresse Wallgässchen 2, 01097 Dresden-Innere Neustadt, www.hans-koernig.de | **ÖPNV** Straßenbahn 4, 9, Haltestelle Palaisplatz | **Öffnungszeiten** April–Okt. Do–Mo 11–18 Uhr, Di, Mi geschlossen, Nov.–März Fr–Mo 11–17 Uhr | **Tipp** In der Dreikönigskirche ist der Dresdner Totentanz, ein um 1534 geschaffenes Steinrelief, einen kleinen Abstecher wert.

55 Das Kongresscenter
Die Neue Terrasse am Elbufer

2004 wurde das Kongresszentrum westlich der Brühlschen Terrasse an der Elbe eröffnet. Gedacht, um die Stadt auch für das Tagungsgeschäft attraktiv zu machen, bildet der Glasbau den modernen Abschluss der Uferpromenade am Altstädter Elbufer. Wie der Landtag fügt sich dieser flache, lang gestreckte und transparente Bau in die weltbekannte Silhouette ein, als zeitgenössischer Akzent in Sichtweite der historischen Bauten.

Die große Freitreppe als Aufgang bildet das Pendant zur Treppe der Brühlschen Terrasse. Die öffentlich zugängliche Dachterrasse des Kongresszentrums bietet eine nicht ganz so spektakuläre Sicht auf das Stadtpanorama wie der berühmte Canaletto-Blick vom jenseitigen Elbufer, durch die unterschiedlich hohen gläsernen Kuben eröffnet sich aber eine recht ungewöhnliche Perspektive. Mit seiner geschwungenen Glasfassade nimmt das Gebäude Bezug auf die sanfte Biegung der Elbe zwischen Johannstadt und Ostragehege.

Den Kontrapunkt zur Gegenwart setzt die Architektur der Erlweinspeicher, die der Stadtbaurat 1914 als Lagerhaus errichtet hatte. Von der ursprünglichen Bebauung des früheren Packhofviertels ist heute nur noch dieser Bau erhalten, der zum Kongresshotel umgebaut wurde.

Nahe der Treppe, am Elbufer, sitzt ein grübelnder Denker aus Bronze auf einem Sockel aus Sandstein. Vermutlich bedrückt ihn seine finanzielle Situation: »Wie kann ich schreiben, wenn ich hungrig bin?« Dostojewski hielt sich mehrfach in Dresden auf, am längsten vom August 1869 bis zum Juli 1871. Keine einzige verfluchte Kopeke habe er mehr, teilt er in Briefen nach Russland mit. Trotz der Geldnöte in Deutschland schrieb der russische Dichter hier seinen Roman »Die Dämonen«. Das Denkmal von Alexander Rukawischnikow wurde im Oktober 2006 im Beisein der Bundeskanzlerin Angela Merkel und des russischen Präsidenten Wladimir Putin enthüllt.

Adresse Internationales Congress Centrum Dresden, Devrientstraße 10–12, 01067 Dresden-Altstadt, www.dresden-congresscenter.de | **ÖPNV** Straßenbahn 6, 11, Haltestelle Kongresszentrum | **Tipp** Unter dem Titel »Böse Geister« übersetzte Swetlana Geier den umfangreichen Roman Dostojewskis neu.

56 __ Der Konzertplatz
Sommerfrische im Wald

Stilvoller kann ein Biergarten nicht sein: im lichten Wald, mit Wandelgalerie, Bühne und hübschem Spielplatz für die Kinder. Nach knapp 20 Jahren Dornröschenschlaf hat Stefan Hermann den historischen Platz mit der hellen Konzertmuschel zu neuem Leben wiedererweckt. Der ehemals jüngste Sternekoch Deutschlands hat sich, nach Jahren als Chefkoch im Caroussel, Restaurant des Hotels Bülow-Residenz, mit dem »Bean & Beluga« an der Bautzner Landstraße selbstständig gemacht. Gourmetküche aus hochwertigen Zutaten gibt's im »Bohnen und Kaviar«, und auch im Biergarten setzt der Produktfanatiker auf hausgemachte Bratwurst, selbst gebackene Kuchen, erfrischende Sommerbowlen und eigene Säfte.

Dr. Lahmann hatte seine Patienten einst noch recht spartanisch verköstigt, mit Pflanzenmilch und Rohkost. Erst Ausflugsziel, dann Sommerfrische und schließlich ein international bekanntes heilklimatisches Bad − mit Lahmanns Sanatorium hatte der Aufstieg des Weißen Hirschen begonnen. Ein Villenviertel entstand rund um die Kuranlagen − wie in Blasewitz schrieb die Bauordnung einen »anständigen Villenstyle« statt geschlossener Häuserreihen vor (siehe Seite 78). Ehemalige Hausärzte machten sich bald mit eigenen Sanatorien selbstständig. Ende des 19. Jahrhunderts zog der Luftkurort schon Gäste aus ganz Europa an − Hocharistokratie und Großbürger, aber auch Künstler wie Thomas Mann, Zarah Leander, Oskar Kokoschka, Franz Kafka, Rainer Maria Rilke. Ende der 1920er Jahre hatte Lebensreformer und Naturheilkundler Dr. Heinrich Lahmann bereits 30 Häuser mit 350 Angestellten, es gab drei große Hotels und zahllose Pensionen.

Den Waldpark, damals König-Friedrich-August-Park, ließ die Gemeinde am Rand der Dresdner Heide anlegen, mit Luftbad und Tennisplätzen. Auch für Unterhaltung war gesorgt: Mit Kurkonzerten, Tanztees und Sommerbällen entwickelte sich der 1926 eingeweihte Musikpavillon schnell zum beliebten Treffpunkt.

Adresse Stechgrundweg, 01324 Dresden-Weißer Hirsch, www.bean-and-beluga.de, www.dresdner-sommer.de | **ÖPNV** Straßenbahn 11, Haltestelle Plattleite | **Öffnungs-zeiten** April–Sept. sowie Adventssonntage 14–18 Uhr. Die Bühne wird für den »Dresdner Sommer« genutzt, der Theater, Musik und Kino im Biergarten bietet. | **Tipp** Auch ein Golfplatz gehörte seit 1932 zum Angebot des Kurorts, heute als Bühlauer Waldgärten eine idyllische Kleingartenanlage (siehe Seite 42).

57 Der Kräutergarten

Ein Sommertheater

Im Sommer wird der barocke Garten hinter den Handwerkerpassagen der Neustädter Hauptstraße zum zusätzlichen Spielraum. »Fringe« steht wie das gleichnamige Festival in Edinburgh für freies, innovatives, unabhängiges Theater, neue Sehgewohnheiten, künstlerische Invasion im öffentlichen Raum. Dem schottischen Vorbild folgend, begibt sich auch das Societaetstheater in andere »Kunst-Räume«: von der Performance für jeweils einen Zuschauer im barocken Pavillon des Theatergartens bis zum Audiowalk im Botanischen Garten.

Auch im barocken Theatergebäude wendet sich das Societaetstheater nicht den Klassikern, sondern vor allem Themen und Stoffen der Gegenwart zu. Die eigene Festivalreihe »szene:EUROPA« stellt im Frühjahr jedes Jahres die Kulturszene anderer europäischer Regionen vor. Klar, dass Schottland schon vertreten war. Barock ist in dem kleinen Kräutergarten des Theaters nur die symmetrische Anlage: Quittenbäumchen rahmen die zentrale Wegachse zum Pavillon, die Beete sind abgezirkelt und von Buchs eingefasst. Umgeben von mehrgeschossigen Häusern, ist das Plätzchen eher ein Gartenzimmer, in dem die Kräuter die strenge Ordnung gern mal ganz unbarock überwuchern.

Restauriert wie das historische Gebäude des Societaetstheaters sind auch die barocken Bürgerhäuser an der Hauptstraße 9 bis 19. Bei der aufwendigen Rekonstruktion wurden Innenhöfe und Verbindungsgänge wieder geöffnet. Wie der Name »Kunsthandwerkerpassagen« schon ahnen lässt, pflegen Handwerker hier in kleinen Läden althergebrachte sächsische oder ganz moderne Handwerkskünste. Zum Gebäudeensemble gehört auch das Kügelgen-Haus, in dem eine kleine Ausstellung den Sprung vom Barock in eine andere Epoche wagt: Das Museum zur Dresdner Frühromantik befindet sich in der Wohnung des Malers Gerhard von Kügelgen, in der er bis 1830 lebte und arbeitete.

Adresse Societaetstheater, An der Dreikönigskirche 1a, 01097 Dresden-Innere Neustadt, www.societaetstheater.de | **ÖPNV** Straßenbahn 3, 6, 7, 8, 11, Haltestelle Albertplatz | **Tipp** Der Barockgarten in Großsedlitz, ein grandioses Gartenkunstwerk, ist zu jeder Jahreszeit einen Ausflug wert.

58 Das Lingnermausoleum

Ein Grabmal für den Odol-König

Überlebensgroße Frauen trauern um den »Odol-König«. Der Industrielle Karl August Lingner, mit seinem antiseptischen Mundwasser reich geworden, wurde unterhalb seines Schlosses in den Weinbergterrassen in einem Mausoleum beigesetzt. Den zierlichen ovalen Bau aus Muschelkalk unten an der Mauer zum Elbufer hat um 1921 Hans Poelzig (siehe Seite 134) entworfen, die Plastiken steuerte Georg Kolbe bei.

Ab 1905 begann der Unternehmer mit den Vorbereitungen für die erste Hygiene-Ausstellung, mit dem Ziel, die Menschen umfassend über Gesundheitsvorsorge aufzuklären. Dem cleveren Organisator gelang es, dafür Ärzte, Naturwissenschaftler und Techniker zu verpflichten und für eine internationale Beteiligung zu sorgen. Dem cleveren Selfmademan lag daran, das Belehrende des Projekts durch Vergnügungsangebote attraktiv zu verpacken. Das Konzept ging auf, die Menschen standen Schlange, um seine Ausstellung zu sehen: etwa 5,5 Millionen Besucher in sechs Monaten! Modern wie ein gewiefter Marketingstratege vermarktete er auch sein Mundwasser: Als Verpackung für sein Produkt entwarf Lingner die charakteristische Seitenhalsflasche, wählte einen einprägsamen Namen und startete eine für die Zeit ungewöhnlich kostspielige Werbekampagne.

Sein Engagement für die Gesundheitsvorsorge breiter Bevölkerungsschichten umfasste auch eine Säuglingsstation, eine Stelle für Zahnhygiene, in der Schulkinder kostenlos behandelt wurden, sowie eine Desinfektionsanstalt zur Seuchenbekämpfung. Auch als großzügiger Spender für Kunst und Kultur trat Lingner auf. Millionär, Mäzen und Menschenfreund – Lingner war nicht vollkommen frei von dem Wunsch, sein selbst verdientes Geld auch zu zeigen: 1906 kaufte der Industrielle die zur gleichen Zeit wie Schloss Albrechtsberg, wenn auch bescheidener errichtete Villa Stockhausen, für die sich der Name Lingnerschloss einbürgerte. 1916 starb Lingner im Alter von 56 Jahren.

Adresse Lingnerschloss, Bautzner Straße 132, 01099 Dresden-Radeberger Vorstadt, www.lingnerschloss.de | **ÖPNV** Straßenbahn 11, Haltestelle Elbschlösser | **Öffnungszeiten** Führungen April–Okt. Mi 15 Uhr und jeden 1. Sa im Monat 14 Uhr | **Tipp** Ein Seitenflügel beherbergt das Restaurant Lingnerterrassen mit Biergarten.

59__ Die Makkaronifabrik

Im Tal der Mühlen

Lockwitzgrund – das klingt romantisch, nach rauschenden Bächlein und grünen Wäldern im Talgrund. Und tatsächlich, hier sagen sich wohl Frosch und Kröte Gute Nacht, glaubt man dem Warnschild an der Straße. Nur dass hoch über dem Tal der Verkehr über die riesige Autobahnbrücke rauscht, holt unübersehbar die Gegenwart ins Bild.

Makkaronifabrik hieß eine Haltestelle der Dresdner Straßenbahnlinie 31 mitten im Lockwitzgrund. Dass Nudeln eine italienische Erfindung seien, gehört zu den unausrottbaren kulinarischen Irrtümern. Und dass in Deutschland erst im 20. Jahrhundert diverse Pastavarianten von den italienischen Vorbildern übernommen wurden, stimmt genauso wenig. Handgefertigte Spätzle gibt es seit über 400 Jahren, und schon Ende des 18. Jahrhunderts wurden Teigwaren industriell hergestellt. Als ältester Nudelhersteller Deutschlands gilt die 1793 gegründete Erfurter Teigwarenfabrik (die es bis heute gibt). Im Lockwitzgrund nahm die »Vater'sche Maccaroni- und Eierteigwarenfabrik« 1890 die Produktion auf. Bis in die 1920er Jahre wurden hier Makkaroni produziert. Vielleicht auch Spaghetti, Rigatoni, Penne und Fusilli – so genau weiß man das nicht mehr.

Im Lockwitzgrund waren zudem die Schokoladenfabrik Rüger, eine Zuckerfabrik und eine Obstkelterei ansässig. Viele dieser Betriebe nutzten ehemalige Mühlen am Lockwitzbach, im Tal hatte es einst fast 30 gegeben, meist Getreidemühlen, aber auch eine Ölmühle, und die zum Rittergut Lockwitz gehörende Hintermühle diente als »Kakaomühle« der Schokoladenfabrik.

Bis Ende der 1970er Jahre fuhr die Lockwitztalbahn, im Volksmund »Lockwitzdackel« genannt, wegen der grün-beigen Lackierung der Wagen aber auch »Laubfrosch«. Heute sind in die Makkaronifabrik ein Hotel und einige weitere Mieter eingezogen, und weil das geplante Museum in Kreischa nicht zustande kam, steht der letzte gerettete Triebwagen der Lockwitztalbahn im Straßenbahnmuseum in Dresden.

Adresse Lockwitzgrund 100, 01257 Dresden-Lockwitz | **ÖPNV** Bus 86, Haltestelle Fußweg nach Borthen | **Tipp** Mühlenmuseum Hummelmühle, Lockwitzgrund 25, Kreischa, Besichtigung nach tel. Anmeldung 035206/23737 oder 39345, www.hummelmühle-kreischa.de (Straßenbahnmuseum siehe Seite 173)

60 Maria am Wasser

Eine Kirche für Bomätscher und Elbschiffer

Eine echte Doppelbesetzung: Wie es in manchen Nachbarorten einen Oberen und einen Unteren Gasthof gibt, befinden sich hier Maria am Wasser und Maria am Wege. Für die kleine Wallfahrtskirche »am Wasser« bürgerte sich auch die Bezeichnung Schifferkirche ein. Ganz in der Nähe gab es eine Elbefurt, die bei Tal- und Bergfahrten zum Umladen zwang. Flussabwärts war die Elbe zwar ein idealer Transportweg, flussaufwärts aber mussten die Schiffe mit Menschenkraft oder Pferdestärken gezogen werden, bevor das erste Dampfschiff konstruiert wurde (siehe Seite 162). Das war harte Arbeit, die Bomätscher, wie hier Treidler genannt wurden, zogen auch schwere Lastkähne. Mehr noch, das Schiffsziehen war lebensgefährlich, denn wenn ein Schiff durch starke Strömung abgetrieben wurde, riss es die Bomätscher oft mit in den Fluss. Ihr sächsischer Name ist vermutlich von Böhmen elbabwärts gedrungen: Aus dem tschechischen »pomahač« (Gehilfe, Helfer) wurde der Bomätscher.

Bei der barocken Umgestaltung Anfang des 18. Jahrhunderts erhielt die schlichte spätgotische Hallenkirche ihre süddeutsch wirkende zierliche Zwiebelspitze auf dem Turm. Ein legendärer Diebstahl verhinderte einen größeren Umbau, denn mit der Baukasse ging Räuber Lips Tullian türmen. Über sein Leben ist nur wenig bekannt: Dass er Philipp Mengstein hieß, wird nur vermutet. Gesichert ist, dass er mit seiner berüchtigten Bande, der Schwarzen Garde, auf Raubzüge ging, bis er 1711 erwischt und inhaftiert wurde. Während die Bande einen Schlupfwinkel und eine Höhle als Diebeskammer im Tharandter Wald besaß, hatte der Räuberhauptmann ein scheinbar bürgerliches Leben in Dresden geführt. 1715 wurde er auf der Richtstätte in der Neustadt enthauptet.

Maria am Wege übrigens ist der viel jüngere Zwilling. Prinz Georg ließ das neugotische Kirchlein 1877 als Privatkapelle des Königshauses oben am Elbhang neben seinem Sommersitz errichten.

Adresse Maria am Wasser, Kirchgasse 7, 01326 Dresden-Hosterwitz | **ÖPNV** Bus 63, Haltestelle Van-Gogh-Straße | **Tipp** Außen an der Kirchhofmauer versteckt sich das Epitaph für Schnuff (siehe Seite 174). Zwischen Loschwitz und Pillnitz wurden alte gepflasterte Treidlerpfade wieder freigelegt. Ein Relief unterhalb der Albertbrücke zeigt Bomätscher bei der Arbeit.

61 Die Melitta-Bentz-Straße
Sächsische Pioniertaten

Eine eher unwirtliche Gegend, das Industriegelände im Norden der Albertstadt. Dass Melitta Bentz ausgerechnet hier mit einem Straßennamen geehrt wurde, ist aber gar nicht so abwegig. Arbeiten, Dranbleiben, nach der besseren Lösung suchen, das kennzeichnet die Sachsen – und sie gelten als »fischelant« (vom französischen »vigilant«), was für nicht des Sächsischen Kundige mit wachsam, wendig, flink, clever, pfiffig übersetzt wird. Mechaniker und Ingenieure (siehe Seite 62) konstruierten große Maschinen, die Tüftler arbeiteten im Kleinen: Bester Beleg für praktischen, geradezu pragmatischen Erfindungsreichtum in Dresden sind Bierdeckel, Mundwasser, Teebeutel, künstlich hergestelltes Mineralwasser. 1934 wird die Filterzigarette erfunden, schon seit der zweiten Hälfte des 19. Jahrhunderts war Dresden zur heimlichen Zigarettenhauptstadt aufgestiegen … Pfunds Molkerei stellt als erstes deutsches Unternehmen Kondensmilch her.

Nicht nur die Sachsen, auch die Sächsinnen erwiesen sich als äußerst ausgeschlafen. Weil die Dresdner Hausfrau Melitta Bentz sich am Kaffeesatz störte, goss sie das Gebräu durch Löschpapier.

Was dann folgte, zeugt von Geschäftssinn und einem sicheren Gespür für das Potenzial der Erfindung: 1908 wird von Melitta und ihrem Ehemann Hugo Bentz der Gebrauchsmusterschutz beim Kaiserlichen Patentamt in Berlin eingetragen und mit 73 Pfennigen Startkapital beim Dresdner Gewerbeamt ein »kaufmännisches Agentur- und Kommissionsgeschäft« angemeldet. Die Filterpapierherstellung beginnt in der Dresdner Wohnung der Familie in der Marschallstraße 31.

Mit der Erfindung war ein Unternehmen gegründet worden, eine folgenreiche Innovation: Melitta verkauft inzwischen Milliarden Filtertüten weltweit. Obwohl die Erfindung der Melitta Bentz im 21. Jahrhundert mit Pads, Kapseln, preiswerten Kaffeedrückern und teuren Vollautomaten konkurriert, hält sie sich noch erstaunlich gut.

Melitta-Bentz-Str.

Wasser Nr
S 150
, T13,1
8,5

Melitta Bentz
Erfinderin des Kaffeefilters
in Dresden
★ 1873   † 1950

Adresse Melitta-Bentz-Straße, 01099 Dresden-Albertstadt | **ÖPNV** Straßenbahn 7, 8, Haltestelle Industriegelände | **Tipp** Nur eine Haltestelle weiter stadteinwärts wacht der Schornstein der Heeresbäckerei über Supermarkt und Parkplatz (siehe Seite 84).

62 — Die Modelleisenbahn
Fahrt frei per Knopfdruck

Mit einer Fläche von 325 Quadratmetern gehört die Dresdner Modelleisenbahn im Verkehrsmuseum zu den größeren der Spur 0. Sozusagen echt antik kommen die 625 Gleismeter, die über 140 Fahrzeuge, fünf Bahnhöfe und die integrierte Schmalspurbahn daher.

Wie das Verkehrsmuseum vorgerechnet hat, legt jede der 26 Lokomotiven pro Saison eine Strecke von 250 Kilometern zurück, mit bis zu 35 Kilogramm am Haken! Kein Wunder, dass nach über zwei Jahrzehnten Fahr- und Rangierbetrieb dringend eine Überholung anstand. Trotz der soliden Bauweise des sogenannten »rollenden Materials« – zum großen Teil ehemalige Messemodelle oder spezielle Einzelanfertigungen aus den Jahren 1945 bis 1965 – verursacht dessen hohe Eigenmasse im Fahrbetrieb eine erhebliche Abnutzung.

Eine überalterte Steuerung und der Verschleiß durch die lange Einsatzzeit zwangen zu einer grundlegenden Restaurierung der altgedienten Anlage. Stromversorgung, überholte Gleise und Fahrzeuge sind seit Ende der 1990er Jahre wieder voll intakt, aber nach wie vor ist ein täglicher Betrieb das ganze Jahr über auf der empfindlichen Anlage nicht möglich.

Eisenbahngeschichte anschaulich machen auch die Modelle des Dresdner Hauptbahnhofs, des Neustädter Bahnhofs und des Friedrichstädter Rangierbahnhofs. Und die 1861 gebaute Muldenthal, Deutschlands älteste erhaltene Dampflok, gehört zu den Stars des Verkehrsmuseums. Im Johanneum wollen aber auch Nah- und Straßenverkehr, Luft- und Schifffahrt gewürdigt werden. Von den mehr als 100 historischen Schienenfahrzeugen im Depot kann das Museum nur eine Handvoll zeigen, das Gedränge alter Eisenbahnwaggons und historischer Automobile unter den Renaissancegewölben des Johanneums zählt noch zu den Nachkriegsprovisorien der Dresdner Museumslandschaft. Als idealer und »authentischer« Standort für das Verkehrsmuseum wird der alte Leipziger Bahnhof favorisiert – Mittel dafür gibt es bislang nicht.

Adresse Verkehrsmuseum Dresden, im Johanneum, Augustusstraße 1, 01067 Dresden-Altstadt, www.verkehrsmuseum-dresden.de | **ÖPNV** Straßenbahn 1, 2, 4, Haltestelle Altmarkt | **Öffnungszeiten** mit Fahrbetrieb Mi 10.30–11.15, 16.30–17.15 Uhr, Vorführungen 10.45 und 16.45 Uhr; Sa, So 10.30–11.15, 13.30–14.15, 15.30–16.15 Uhr, Vorführungen 10.45, 13.45 und 15.45 Uhr | **Tipp** In der Tiefgarage unter dem Neumarkt blieb ein Stück der alten Stadtmauer sichtbar (siehe Seite 200).

63 Der Mosaikbrunnen

Blütenkelche mit Unterwasserbeleuchtung

Was es im Großen Garten an barocken Skulpturen zu sehen gibt, lässt sich in Kunstreiseführern nachlesen. Der Mosaikbrunnen, bei abendlicher Beleuchtung prächtig schillernd, wird stets erwähnt, ansonsten aber keiner weiteren Beachtung gewürdigt. In Kaskaden, wie von Musik beschwingt, fällt das Wasser von den drei ineinandergestaffelten Blütenkelchen in die große Schale, in der Sonne glitzern die ornamentalen Muster der Mosaiken. Diese wurden anlässlich der Internationalen Gartenbauausstellung im Jahr 1926 in Dresden von der Majolika-Manufaktur Karlsruhe ausgeführt, heute ein ehrwürdiges Traditionsunternehmen, damals aber gerade erst zweieinhalb Jahrzehnte alt und noch getragen vom Erneuerungswillen des Jugendstils.

Entworfen hat den Brunnen Hans Poelzig, einer der bedeutendsten deutschen Architekten des frühen 20. Jahrhunderts, dem als Vorsitzenden des Deutschen Werkbundes daran gelegen war, solche Aufbruchsstimmung zu fördern.

Als Wegbereiter der Moderne wie als begnadeten Lehrer und genialen Künstler haben Hans Poelzig schon seine Zeitgenossen gefeiert. Er gilt als Hauptvertreter der expressionistischen Architektur und der Neuen Sachlichkeit. Vier Jahre, von 1916 bis 1920, wirkte der Berliner Baumeister als Stadtbaurat in Dresden, als Nachfolger von Hans Erlwein. Bis auf das Gaswerk in Reitz wurden seine Entwürfe für Dresden, »stürmische Visionen« seiner expressionistischen Phase, aber nicht realisiert.

Seine wichtigsten Bauten entstanden in seiner Breslauer und Berliner Zeit. Kaum eine Aufgabe, in der er nicht tätig war und Beispiele setzte: das Privathaus, der Industriebau, das großstädtische Warenhaus, der Verwaltungsbau, Theater, Kino, Messebau ... Ein Meister vieler Künste, der auch als Maler, Zeichner und Bühnenbildner auf sich aufmerksam machte – die szenische Ausstattung zum Film »Golem« stammt von ihm.

Adresse Großer Garten, Lennéstraße, 01069 Dresden-Seevorstadt-Ost | **ÖPNV** Straßenbahn 10, 13, Haltestelle Großer Garten | **Tipp** Von Hans Poelzig stammt auch das Lingnermausoleum (siehe Seite 124)

64 Der Münchner Platz

Eine Gedenkstätte für die Opfer politischer Justiz

Manchmal wird schon eine Adresse zum Synonym für Unrecht. Am Münchner Platz, dort, wo die Justiz eigentlich Recht sprechen sollte, wird an ihre Opfer erinnert.

Anfang des 20. Jahrhunderts wurde am Münchner Platz in trutzig-historisierendem Stil der Schumannbau errichtet, der seit 1957 zur TU gehört. Lange Jahrzehnte diente er als Gericht: als Königlich-Sächsisches Landgericht, als Sondergericht Dresden und Volksgerichtshof unseligen Angedenkens unter der nationalsozialistischen Diktatur, das »Volksschädlinge«, »Wehrkraftzersetzer« und Hochverräter zum Tode verurteilte, aber auch noch während der sowjetischen Besatzungszeit und in der frühen DDR-Zeit.

Bis Ende 1956, als die DDR-Justiz das letzte Todesurteil am Münchner Platz vollstrecken ließ, war der Schumannbau nicht nur Gerichtsort, sondern auch Haftanstalt und Hinrichtungsstätte. Mehr als 1.300 Todesurteile wurden am Münchner Platz vollstreckt. Von der Georg-Bähr-Straße gelangt man durch eine Tordurchfahrt in den Innenhof. Im ehemaligen Richthof steht die schlichte Figurengruppe »Widerstandskämpfer« von Arndt Wittig, Ende der 1950er Jahre geschaffen. Der düstere Ort verleiht den fünf Verzweifelten, Wütenden, Trauernden auf dem Podest eine bedrückende Wirkung. Die vergitterten Fenster der Todeszellen blicken auf den Pylon, der die Richtstätte markiert

Am 11. Januar 1945 wurde im Hof der sächsische Widerstandskämpfer Georg Schumann hingerichtet, der dem Gebäude heute seinen Namen leiht. Während der Weimarer Republik war Schumann für die Kommunistische Partei mehrmals als Abgeordneter im Reichstag. Wenige Wochen nach der Machtübernahme 1933 wurde er verhaftet und blieb bis 1939 im Zuchthaus und in »Schutzhaft« im KZ Sachsenhausen. Nach seiner Freilassung baute er eine der größten kommunistischen Widerstandsgruppen auf, wurde aber 1944 wieder verhaftet.

Adresse Gedenkstätte Münchner Platz Dresden, Münchner Platz 1, 01187 Dresden-Süd-vorstadt | ÖPNV Straßenbahn 3, Haltestelle Münchner Platz | Tipp Im zweiten Hof erin-nert Wieland Försters Bronzeplastik »Namenlos« an die nach 1945 zu Unrecht Verfolgten. Der Bildhauer war 1946 selbst hier inhaftiert und wurde zu Zwangsarbeit verurteilt.

65 Der Nixenteich

Ein romantischer Tümpel im Hochland

Ganz unschuldig glitzert der Nixenteich am Rand von Schullwitz und spiegelt ein paar Bäume wider. Etwas verwirrend wirkt im Schönfelder Hochland die Tatsache, dass auch dieser Ort von Hochwasser heimgesucht wird. Wo doch von hier alles nach unten abfließt – schließlich fällt die Lausitzer Platte über die steilen Elbhänge wie über eine Stufe ins 200 Meter tiefer gelegene Flusstal ab. Insbesondere Schullwitz gehört zu den höchstgelegenen Ortsteilen Dresdens. Doch allein der Schullwitzbach verursachte laut Umweltamt 2002 Hochwasserschäden von 2,4 Millionen Euro. Und hier oben entspringt so mancher kleine Bach.

Aber eines muss man sich klarmachen: Als Hochlandbach hat ein Wasserlauf nur geringes Gefälle und weite Bachauen – wenn sie nicht bis an die Uferböschungen bebaut sind. Als Elbhangbach stürzt er sich mit großem Gefälle in tiefer Einkerbung durch die Seitentäler hinunter. Beide treten über die Ufer – der Hochlandbach, wo ihm Raum fehlt, weil er durch Rohre verlegt wurde. Der Elbhangbach, wo sich Treibgut und Geröll stauen. Was dazu führte, dass 2002 hier 40 Prozent der Schäden aufgetreten sind, die 30 Prozent der gesamten Schadenssumme im Stadtgebiet ausmachten.

Am und im Ort wird der Schullwitzbach zu mehreren Teichen aufgestaut, darunter der Dorf-, Schul-, Mühl- und Nixenteich. Letzterer ist wegen seiner Schilfzonen als Laichgewässer für Lurche und Brutplatz für Wasservögel als Naturdenkmal geschützt. Die Teichmeisterschaften beim alljährlichen Dorf- und Kinderfest werden daher auf dem Mühlteich ausgetragen. Zum Rennen zugelassen werden nur mit Muskelkraft angetriebene Eigenbauboote. Von zahlreichen Zuschauern angefeuert, müssen die lustigen Gefährte ihre Wassertauglichkeit beweisen.

Und die Nixen? Schon die Stauteiche selbst dienen als gewisser Hochwasserschutz, aber es kann ja nicht schaden, auch die Wassergeister um Beistand zu bitten.

Adresse Bühlauer Straße, 01328 Dresden-Schullwitz | **ÖPNV** Straßenbahn 11, Haltestelle Bühlau, dann Bus 228, Haltestelle Schullwitz | **Tipp** Einer der Dreiseithöfe im benachbarten Reitzendorf kann besichtigt werden (siehe Seite 50). Der alte Bahndamm (siehe Seite 28) eignet sich für eine Radtour.

66 Das Panometer
Zeitreise in das barocke Dresden

In einem Gasspeicher in Reick können Besucher zu Zeitreisenden werden und das Dresden des Jahres 1756 besuchen: Morgens geht die Sonne auf über der barocken Stadt, Vögel zwitschern. Die Geräuschkulisse wächst, am Mittag steht die Sonne hell am Himmel. Die Abenddämmerung taucht Fluss und Häuser in ein sanftes Licht.

Was könnte für ein rundes Gebäude idealer sein als ein Rundgemälde? Im Innern des stabilen Ziegelbaus hat der Berliner Künstler Yadegar Asisi ein gigantisches Panorama vom Dresden der Barockzeit aufgezogen. Rund um eine 15 Meter hohe Aussichtsplattform wurde das 360-Grad-Gemälde angebracht, wechselndes Licht und eingeblendete Töne simulieren einen Tagesablauf.

Für das vom Turm der Hofkirche aus gemalte Dresdner Historienbild hat Asisi enorm viel Material hinzugezogen: Gemälde, historische Stadtpläne, Fotografien aus der Vorkriegszeit. Alles wurde nicht nur gesichtet, sondern wie bei einer Collage sind Details aus den digitalisierten Abbildungen im Panoramabild eingesetzt. Manches Gebäude besteht aus zehn verschiedenen Einzelteilen. Eine ungeheure Detailarbeit, die ein Film spannend vorführt, beispielsweise anhand der Dächer. Für Aufnahmen von barocken Dächern sind Asisi und seine Mitarbeiter bis nach Rumänien gefahren. Mindestens ebenso aufwendig ist die Arbeit, Gelände und Gebäude Linie für Linie perspektivisch zu konstruieren, also Größenverhältnisse und Neigungswinkel anzupassen.

Dresden ist nicht das einzige Panometer von Asisi, er betreibt ähnliche Projekte in Leipzig und Berlin, und außer »1756 Dresden« existieren auch »Amazonien«, »Rom 312« und »Everest«, die unter den Schauorten ausgetauscht werden.

Der kleinere und ältere Gasometer stammt von 1880, der gewaltige große Speicher wurde von dem in Dresden so unermüdlich bauenden Hans Erlwein Anfang des 20. Jahrhunderts als 67 Meter hoher Rundbau so schlicht wie monumental gestaltet.

Adresse Gasanstaltstraße 8b, 01237 Dresden-Reick, www.asisi.de | **ÖPNV** Bus 74, Halte-stelle Nätherstraße | **Öffnungszeiten** Di–Fr 10–17, Sa, So, Feiertage 10–18 Uhr | **Tipp** Auf der nahen Seidnitzer Pferderennbahn finden schon seit 1890 Galopprennen statt. Sehenswert ist die unter Denkmalschutz stehende, rekonstruierte Haupttribüne.

67 Die Parkeisenbahn

Kinder als Eisenbahner

Es raucht. Warnend pfeift die Lokomotive und gibt energisch Signal, schnaufend und keuchend fährt der Zug an … Fest in Kinderhand ist die dampfbetriebene Parkeisenbahn im Großen Garten. In blauer Uniform versehen Schrankenwärter und Schaffner auf der Liliputbahn in ihrer Freizeit den Dienst. Nur die Lokführer der je zwei Dampf- und Elektroloks sind Erwachsene. Höchstgeschwindigkeit: 20 Stundenkilometer.

Als Parkeisenbahner sind auf der 5,6-Kilometer-Strecke pro Saison rund 100 Mädchen und Jungen als Fahrdienstleiter, Aufsicht, Sperre, Schrankenposten sowie Zugbegleiter im Einsatz. Im Winter werden die Schüler der vierten oder fünften Klasse dafür ausgebildet. Für die Prüfung lernen sie, Zugmeldungen durchzuführen, Signale und Weichen zu stellen, Fahrkarten zu kontrollieren und Züge abzufertigen. Im Sommer leisten sie dann circa einmal in der Woche ehrenamtlich Dienst.

Seit 1950 zuckelt die Schmalspurbahn mit 381 Millimeter Spurweite durch den Großen Garten. Lisa und Moritz, die beiden Dampflokomotiven, wurden aber schon 1925 bei der Firma Krauss in München gebaut. Als Ausstellungsbahnen verkehrten sie in den 1930er Jahren in vielen Ländern Europas, in Dresden hatten sie anlässlich der zweiten Hygiene-Ausstellung ihre Runden gedreht. Eigentlich war 1950 auch nur eine Saison geplant, aber aufgrund des großen Zuspruchs blieb die Bahn in Dresden. Im Frühjahr 1951 nahm die Lilitputbahn als »Pioniereisenbahn« dauerhaft ihren Betrieb auf, seit 1990 verkehrt sie als »Parkeisenbahn«.

Lisa und Moritz werden von den zwei Elektroakku-Lokomotiven EA01 und EA02 unterstützt, 1962 und 1982 an der TU Dresden entworfen und in Dresden gebaut. Die beiden Loks werden durch Elektromotoren angetrieben, der zweite Namensteil im Zungenbrecher steht für die Akkumulatoren. Die Akkus werden nachts geladen, die gespeicherte Energie reicht für einen gesamten Betriebstag aus.

Adresse Lennéstraße 5, 01069 Dresden-Seevorstadt-Ost, www.parkeisenbahn-dresden.de |
ÖPNV Straßenbahn 1, 2, 4, 10, 12, 13, Haltestelle Straßburger Platz | **Öffnungszeiten**
Mitte April–Okt. | **Tipp** Das Dresdner Dampfloktreffen ist das größte in Deutschland,
Infos und Termine unter www.dresden-dampfloktreffen.de.

68_ Die Pieschener Allee

Unter den Linden

Eine Prachtstraße ist die Dresdner Lindenallee nicht, am Fuß der doppelreihig gepflanzten Bäume wächst nur Gras. So bekannt wie die berühmte Schwester »Unter den Linden« in Berlin ist sie auch nicht, dabei wurden die 300-jährigen Baumriesen noch auf Geheiß von August dem Starken gepflanzt. Seit 1996 steht die Doppelallee als Naturdenkmal unter Schutz, wie das gelbe Schild mit der Eule verrät. Die ursprünglich mit 1.340 Lindenbäumen besetzte Allee wäre beinah ausgerechnet Naturschützern zum Opfer gefallen. Denn auch unter Landschaftspflegern gibt es Streit: Hardliner wollten der Allee mit dem Argument zu Leibe rücken, Alleen dürften nur aus gleich alten Bäumen bestehen.

Während im Westen Kampagnen Menschenleben und Verkehrstote gegen Naturschutz ausspielten und allerorts gefällt wurde, blieben die Alleen im Osten Deutschlands weitgehend erhalten. Zwar wurden auch hier zahlreiche Alleen dem Autoverkehr geopfert, aber in Brandenburg, Mecklenburg-Vorpommern und Sachsen-Anhalt stehen 17.000 der insgesamt 25.000 Alleen-Kilometer Deutschlands.

Einige Bundesländer erklären inzwischen in ihren Landesnaturschutzgesetzen Alleen für geschützt, ohne dass es individueller Beschlüsse bedarf. In Sachsen existiert eine solche Regelung nicht. Wie die Pieschener muss eine Allee ausdrücklich zum Naturdenkmal erklärt werden, um Bestandsschutz zu genießen.

Der Pieschener Allee hat es sicher genutzt, dass ihre Existenz nicht mit Verkehrswegeplänen in Konflikt geriet. Einst als reine Sichtachse geplant, führt sie eigentlich nirgendwohin. Auf einer Seite begleitet sie die Elbe, auf der anderen trainieren Sportler im »Sportpark Ostra« auf Rasenplätzen, in der Leichtathletikhalle oder im Heinz-Steyer-Stadion, laufen Schlittschuh in der neuen Eissporthalle oder lassen Drachen auf dem Trümmerberg steigen (siehe Seite 206).

Adresse Pieschener Allee, 01067 Dresden-Ostragehege | **ÖPNV** Straßenbahn 10, Halte-stelle Messe Gleisschleife | **Tipp** Die zweite schöne Dresdner Doppelallee, aus vier Reihen Kastanien, führt vom Schlosspark Pillnitz Richtung Hosterwitz.

69 Die Pillenfabrik

Brausepulver aus Helfenberg

Ließe man Dresdens Fabriken die Stadtgeschichte erzählen, der Begriff »barock« käme nicht einmal vor. Spannend wäre ihre Sichtweise gewiss. In der zweiten Hälfte des 19. Jahrhunderts gab es eine Gründungswelle von Firmen, manche entwickelten sich zu Großbetrieben, andere blieben von ihren Inhabern geleitete Klein- und Mittelbetriebe. Im Zuge der stürmischen Industrialisierung Sachsens wurden viele Ortsteile für die Industrieansiedlung freigegeben, aber auch in alten Mühlen entstanden ganz neue Gewerbezweige.

Im romantischen Helfenberger Grund richtete der Chemiker Eugen Dieterich 1869 in einer ehemaligen Papiermühle eine pharmazeutische Fabrik ein, die bis zur Enteignung 1951 dort bestand. Im Laboratorium entwickelte er Gesundheitspräparate und Medikamente. Der Fabrikant vertrieb aber auch ein Heftpflaster aus Kautschuk unter der Bezeichnung »Helfenberg« und stellte »Helfenberger Brausepulver« her. Die Apotheker, die selbst Arzneimittel herstellten, sahen in dem rasch wachsenden Unternehmen eine ernsthafte Konkurrenz. Zu Recht: Was als kleine chemische Produktionsstätte begann, wurde zu einer Weltfirma. Schon die beiden Söhne hatten das Unternehmen 1898 in eine Aktiengesellschaft umgewandelt, beschäftigten etwa 250 Arbeiter und unterhielten Niederlassungen in Paris, London, Antwerpen und New York.

Wie viele andere verfiel auch die Fabrik im Helfenberger Grund und stand nach der Wende wegen ungeklärter Besitzverhältnisse leer. Die neuen Inhaber sanierten die Industriebrache ohne Fördermittel, was 1999 mit dem Sächsischen Staatspreis für Architektur und Bauwesen gewürdigt wurde, und zogen in die Fabrikantenvilla. Heute ist das Gelände ein Standort für Künstler, Handwerk und Dienstleistungen, ein Teil der Fabrikgebäude wurde zu Ferienwohnungen umgebaut.

Davor fließt nach wie vor das Bächlein, das einst für den Standort von Wassermühle und Papierfabrik den Ausschlag gab.

Adresse Helfenberger Grund 8, 01326 Dresden-Niederpoyritz | **ÖPNV** Bus 63, Halte-stelle Staffelsteinstraße | **Öffnungszeiten** Das Gelände ist zugänglich, die Gebäude nur von außen zu besichtigen. | **Tipp** Industriedenkmäler sind auch die Bienertmühle (siehe Seite 36) und die Ernemannwerke (siehe Seite 62).

70__ Der Prießnitz-Wasserfall

Heide, Sand und verlorenes Wasser

Ein Wasserfall in Dresden? Ja klar, als barocke Inszenierung – im reich verzierten Nymphenbad sprudelt die Kaskade zwar etwas versteckt, aber weithin berühmt. Doch in Dresden mangelt es nicht an natürlichem Grün: Teils planmäßig angelegte Parks wie der Große Garten, teils Überreste früherer Wälder, die im gesamten Stadtgebiet frei zugänglichen Elbwiesen und die Elbhänge sind mehr als nur grüne Inseln: Mit 63 Prozent Grünflächen gehört Dresden zu den »grünsten« Städten Europas.

Und wo viel Grün ist, ist auch ein natürlicher Wasserfall nicht weit: Durch die Dresdner Heide schlängelt sich mehr als 20 Kilometer die Prießnitz, stellenweise – wie im Prießnitzgrund – tief in den Waldboden eingeschnitten, meist aber plätschert sie munter durch ihr flaches Bett. Noch vor einigen Jahren konnte man im Waldbad Klotzsche in ihrem Wasser baden, heute nutzen Ortskundige den kleinen Wasserfall zum Planschen. Back to the roots: Vorgänger des 1902 eröffneten Waldbads war ein Flussbad im Prießnitzgrund. An der Brücke beim Wasserfall markiert der »Pegel Klotzsche« den Wasserstand, der so regelmäßig gemessen wird wie der der Elbe.

Um eine mit Besenheide bewachsene Sandheide handelt es sich beim Dresdner Stadtwald nicht. Heide bezeichnete ursprünglich auch einfach unbebautes Gebiet oder Wald. Sand gibt es aber durchaus, sogar zu ganzen Dünen baut er sich auf. Postglazial aufgeweht, nennen das Geologen, denen zufolge unter dem ganzen Waldgebiet auf festem Gestein eine mächtige Schicht Sand liegt. Beschlagene Lokalhistoriker wissen noch, dass Teile der Äußeren Neustadt »Auf dem Sande« hießen. Wegen des Sands tritt hier auch das Phänomen des verlorenen Wassers auf: Nach wenigen Metern versickern Bäche wieder. Mancher Prießnitzzufluss erreicht sein Ziel gar nicht oberirdisch, so etwa das Sandschluchtwasser. Die Prießnitz allerdings führt zu viel Wasser, um verloren zu gehen.

Adresse nördlich des Waldschwimmbads Klotzsche, 01109 Dresden-Dresdner Heide | **ÖPNV** Straßenbahn 7 und Bus 70, 72, 80, Haltestelle Zur Neuen Brücke | **Tipp** Sehenswert ist auch der 5 Meter hohe und 15 Meter breite Wasserfall »Zeitenströmung« auf dem Gelände des ehemaligen Strömungsmaschinenbaus, Niagaraplatz/Königsbrücker Straße 96.

71__Der Pusteblumenbrunnen

Die Dresdner Ostmoderne

Das sozialistische Dresden brauche »weder Kirchen noch Barock-fassaden«, mit diesem Satz ist der berüchtigte Bürgermeister Walter Weidauer in die Stadtgeschichte eingegangen. Dem Wüten von Spitzhacke, Bagger und Abrissbirne, dem »Plattmachen« der bürgerlichen Vergangenheit, ist denn auch einiges zum Opfer gefallen.

Zwar ist nichts mehr zu ahnen davon, dass sie vor dem Zweiten Weltkrieg eine stolze und weltberühmte Geschäftsstraße war, gesäumt von dichten Häuserreihen mit prächtigen Fassaden und eleganten Schaufenstern. Doch die Prager Straße, die zentrale Einkaufsmeile Dresdens, gilt als eines der wenigen gelungenen Beispiele sozialistischen Städtebaus. In den 1960er Jahren wurde sie als ausladend breite Fußgängerzone mit einer 240 Meter langen Wohnzeile und modernen Solitärbauten gestaltet, am markantesten die drei quer gestellten Hotelhochhäuser, als Kontrapunkt dazu das Rundkino. Die kleinteilige, gewachsene Struktur des 19. Jahrhunderts verschwand zugunsten einzelner Bauten in gewaltigen Ausmaßen und einer riesigen Freifläche.

Die neue Prager Straße – eine der ersten innerstädtischen Fußgängerzonen Deutschlands – war 80 Meter breit (später wurden Teile der Prager Straße »nachverdichtet« und auf eine Breite von 18 Meter rückgeführt, was allerdings nicht per se zu einer lebendigen Stadtatmosphäre führt). Ihre beispielhafte Flächengestaltung mit quer zum Straßenverlauf ausgerichteten Wasserspielen übernahmen die Landschaftsarchitekten Siegmar Kaßberg und Joseph Pietsch. Einen poetischen Akzent im Stadtraum setzt der beliebte »Pusteblumenbrunnen« der Bildhauerin Leonie Wirth.

2004 wurde der Freiraum neu gestaltet; Bodenmuster wurden entfernt, Brunnenbecken verkleinert. Die Pusteblumen blieben erhalten, wurden allerdings um Teile reduziert, worin die Künstlerin eine Verletzung des Urheberrechts sieht und (mit noch offenem Ausgang) geklagt hat.

Adresse Prager Straße, 01069 Dresden-Altstadt | **ÖPNV** Straßenbahn 8, 9, 11, 12, Haltestelle Prager Straße | **Tipp** Andere Teile des Pusteblumenbrunnens sind nach Prohlis umgezogen und sprühen Wasser auf dem Albert-Wolf-Platz in die Luft.

72 Das Putjatinhaus
Zwei Dresdner Originale

Das ehemalige Schulhaus in Kleinzschachwitz ist in mehrerlei Hinsicht ein Kuriosum. Zum einen war sein Bauherr ein Dresdner Original, zum anderen entstand ein eigenwilliges Holzhaus im »russischen Stil« – mit bis knapp zum Boden herabgezogenem, extrem steilem Satteldach und einer Giebelfront mit buntem Holzschnitzwerk.

Auf dem Putjatinplatz in Kleinzschachwitz erinnert ein Bronzedenkmal an das Dresdner Unikum von Bauherrn. Lebensgroß sitzt der Fürst da, mit seinen Lieblingshunden, zwei etwas kläglich schauenden Möpsen. Angeblich spielte er ihnen häufig auf der Flöte vor. Dass er barfuß im Morgenmantel dort hockt, spielt auf eine andere seiner Maroten an: Als früher Anhänger der FKK-Kultur genoss der Exzentriker seine Luftbäder auf der Dachterrasse am liebsten nackt.

Ende des 18. Jahrhunderts, Jahre vor dem Bau der Schule, hatten Fürst Nikolaus Abramowitsch Putjatin und seine Frau ein Landgut in Kleinzschachwitz erworben, das der Russe mit ausgefallenen Aus- und Anbauten umbauen ließ – so besaß das Gebäude mehr als ein Dutzend Balkone, diverse extravagante Holzaufbauten und einen hohen, schlanken Aussichtsturm mit minarettartigem Ausguck, weswegen die Villa von der Bevölkerung »Storchennest« genannt wurde. Eine Seilrutsche führte vom Obergeschoss direkt in den Garten. Rundherum entstand ein großer Volkspark, den Putjatin öffentlich zugänglich machte. Attraktion war eine Riesenschaukel für 30 Personen.

Trotz seiner Schrullen war der 1749 in Kiew geborene Putjatin gebildet, an Musik und Literatur, Bau- und Gartenkunst interessiert und bekam Besuch von Monarchen, Gelehrten und Künstlern. Als Wohltäter stand ihm das Volk näher als seine Standesgenossen, und so ließ er in den 1820er Jahren die Schule für die Kinder der Gemeinde erbauen. Der Fassadenschmuck ist den traditionellen Häusern seiner russischen Heimat nachempfunden, doch die Nachbarn bespöttelten auch diesen Bau – als Hundehütte.

Adresse Meußlitzer Straße 83, 01259 Dresden-Kleinzschachwitz, www.putjatinhaus.de |
ÖPNV Straßenbahn 1, Haltestelle Meußlitzer Straße | **Tipp** Das Storchennest findet sich
in der Putjatinstraße 26, wurde aber schon im 19. Jahrhundert von seinen Anbauten befreit.

73 __ Die Reisekoffer

Palucca auf Tanztournee

Immer auf Reisen. Wenn sie nicht im Sommer Kurse an ihrer Tanz-schule gab, ging Gret Palucca auf »Winterfeldzug«. Die zweite Jahreshälfte war die Zeit für Tourneen: In den 1920er Jahren tanzte sie auf allen Bühnen. Ihre enorme Sprungkraft ist legendär, sie ist ein Star, wird auch von den Avantgardekünstlern der Zeit bewundert. Ihre Leidenschaft, der Ausdruckstanz, entspricht dem Geist der Zeit.

Mit Ballett kann sie nichts anfangen, »ich will nicht hübsch tanzen« blieb ein Leben lang ihr Motto. Sportlich, gelenkig und ungeheuer elastisch ist sie, ihr Tanz akrobatisch, ihr Temperament ansteckend. In Dresden heiratet Palucca den Industriellensohn Friedrich Bienert, die Ehe wird später freundschaftlich geschieden. Ihre Schwiegermutter Ida Bienert, eine bekannte Kunstsammlerin, knüpft den Kontakt zum Bauhaus. Mit Kandinsky und Moholy-Nagy ist Palucca eng befreundet, tritt auch am Bauhaus in Dessau auf. Mit einer Kapitalspritze der Bienerts gründet Palucca 1925 eine eigene Schule für modernen Ausdruckstanz.

Als einzige Solotänzerin trat Palucca bei der Eröffnungsfeier der Olympischen Spiele 1936 auf, geehrt als »deutscheste Tänzerin«. Als Halbjüdin muss sie später ihre Schule abgeben. So ambivalent bleibt ihr Leben, Palucca ist eigenwillig und rebellisch, zugleich offensichtlich biegsam genug, ihre Vorstellungen unter den unterschiedlichsten politischen System zu bewahren. Auch in der DDR steht sie immer unter Beobachtung, erhält andererseits zahlreiche Auszeichnungen. Schon zu Lebzeiten wird sie zur Dresdner Ikone und bleibt der Stadt dauerhaft verbunden.

»Biografisches in Koffern« heißt die Ausstellung treffend: Schon als Kind jagte man Gret Palucca über Kontinente. Als Margarete Paluka 1902 in München geboren, wanderte sie als Kind mit ihren Eltern nach San Francisco aus. Nach drei Jahren Amerika ging es zurück nach Europa, da war das Mädchen gerade mal sieben Jahre alt.

Adresse Museum Hofmühle Dresden, Altplauen 21, 01187 Dresden-Plauen,
www.mhd-dd.de | **ÖPNV** Bus 62, 63, Haltestelle Plauen | **Öffnungszeiten** Di–Do
16–18 Uhr, Sa, So 14–18 Uhr | **Tipp** Wenn sich die Palucca Hochschule für Tanz am
Tag der offenen Tür präsentiert, zeigen Studenten ihr Können.

74 Der Rhododendrongarten
Sächsische Gartenkunst

Steile Sträßchen führen von der Pillnitzer Landstraße hinauf zu den Villen am Elbhang von Wachwitz. Dem Dorfkern Altwachwitz ist nicht mehr anzusehen, dass er in seiner Urform ein slawischer Rundling war (siehe Seite 16). Erhalten geblieben sind einige Fachwerkhäuser beim Gasthaus »Elbterrasse«, die ein malerisches Ensemble bilden.

Seit den 1820er Jahren hatte Prinz Friedrich August für eine Sommerresidenz Weinbergparzellen und Flurstücke erworben, den »Königlichen Weinberg« und einen Park anlegen lassen.

In einem Teil dieser Anlagen am Wachwitzer Elbhang gestaltete der Gartenbauingenieur Karl Scholz 1970 den reizvollen Rhododendrongarten. Zur Blütezeit von Mai bis Juni wird der Garten zum Farbwunder – die üppig wuchernden Rhododendren blühen in Weiß, Rosa, Violett, Azaleen setzen knallige Akzente in Gelb und Orange. Mit über 1.000 Sträuchern in über 300 verschiedenen Sorten und 60 Arten gehört der Wachwitzer Rhododendrongarten zu den bedeutendsten seiner Art in Europa.

Rhododendren haben in Dresden eine lange Tradition. Dem Hofgärtner Jacob Seidel gelang es, im 19. Jahrhundert erstmals winterharte Rhododendren zu züchten. Sieben Generationen der Familie Seidel haben sich der Gärtnerei zugewandt, auf rund 250 Jahre Erfahrung blickt man in der verzweigten Familie zurück. Immer wieder traten die Söhne in den väterlichen Betrieb ein oder gründeten eigene Baumschulen oder Gärtnereien. Reisen führten Mitglieder der Familie in viele Länder Europas, zu berühmten Pflanzenzüchtern und in botanische Gärten. Wo man allerhand Know-how erwarb. Die Hofgärtnerei Seidel war bereits ausgewiesene Kamelienspezialistin (siehe Seite 104), im 19. Jahrhundert wurden Rhododendren und Azaleen zum zweiten Standbein des Betriebs: 1887 zählte die Firma Seidel 150.000 Azaleen, 200.000 Kamelien und 175.000 Rhododendren zu ihrem Pflanzgut.

Adresse Wachwitzer Weinberg, 01326 Dresden-Wachwitz | **ÖPNV** Bus 63, Haltstelle Josef-Hermann-Straße | **Tipp** Im an den Rhododendrongarten angrenzenden Wachwitzer Höhenpark kann der Spaziergang noch verlängert werden.

75 Das Römische Bad

Adel verpflichtet

Schloss Albrechtsberg ist zweifelsohne das beeindruckendste und größte der drei Elbschlösser. Eine durchaus standesgemäße Unterkunft mit ausgedehntem Park für Albrecht von Hohenzollern! Mitte des 19. Jahrhunderts wurde es für den Prinzen erbaut, weil er wegen seiner unstandesgemäßen Ehe außerhalb von Preußen leben musste.

Der stattliche Bau des Schinkel-Schülers Adolf Lohse orientiert sich deutlich an der Villa Medici und anderen römischen Renaissancevillen. Zur Elbe hin ist die Terrassen- und Treppenanlage mit angedeuteten Tempelfronten dem Stil der Antike verpflichtet. Ursprünglich waren für die Außenanlage sogar fünf Terrassen geplant, letztendlich ließen die Verhältnisse nur drei zu. Auf der mittleren Ebene vermittelt das Römische Bad mit seinem halbkreisförmigen Säulengang geradezu mediterranes Flair. Das ovale Wasserbecken davor wird von Ortskundigen an heißen Sommertagen gern als Planschbecken zweckentfremdet.

So lässig konnte der Hausherr seine Anlagen nicht nutzen, auch wenn er mit seiner zweiten Frau, Rosalie von Rauch, später zur Gräfin von Hohenau erhoben, in Dresden ein zurückgezogenes Leben führte. Ihr Geburtstag wurde jedes Jahr mit einem großen Fest begangen, ansonsten konnte sie aufgrund ihres Ranges kaum am gesellschaftlichen Leben teilnehmen. Während seine Gemahlin am Berliner Hof nicht erwünscht war, weilte Prinz Albrecht als preußischer General oft in seiner Heimat und verließ Dresden auch für ausgedehnte Reisen durch nahezu ganz Europa, den Orient und Afrika.

Im Kavaliershaus produziert Lutz Müller Weine der Lage »Dresdner Elbhang«. Der Winzer bewirtschaftet eine Parzelle unterhalb des Lingnerschlosses, weitere Flächen in Pillnitz, und er hat den Hang unterhalb von Schloss Albrechtsberg wieder aufgerebt. An Sommerwochenenden öffnet er dort seine Straußwirtschaft mit traumhaftem Blick über die Elbe.

Adresse Schloss Albrechtsberg, Bautzner Straße 130, 01099 Dresden-Loschwitz, www.schloss-albrechtsberg.de | **ÖPNV** Straßenbahn 11, Haltestelle Elbschlösser | **Öffnungszeiten** Führungen sind möglich, Reservierung unter Tel. 0351/8115823, außerdem finden im Kronensaal regelmäßig Konzerte statt. | **Tipp** Im Innern ist nicht nur der imposante Festsaal sehenswert, auch andere der rund 100 Räume sind aufwendig ausgestattet. Das Türkische Bad ähnelt mit intarsienverzierten Holzpaneelen und bemalten Stuckfliesen ganz seinen orientalisch-maurischen Vorbildern.

76___Die Rothe Amsel

Das Glück im Winkel

Das auffallendste der vielen schönen Loschwitzer Fachwerkhäuser steht ausgerechnet an der viel befahrenen Grundstraße, die hinauf nach Bühlau führt. Dass das Anwesen einst auch als Quartier für Künstlernachwuchs geplant war, verraten Lebensweisheiten wie »Sitzt sie nicht am rechten Fleck, so ist die schönste Farbe Dreck«.

Für den 1828 geborenen Maler Eduard Leonhardi wurde die ehemalige Hentschelmühle, die unterste von einst sieben Wassermühlen, 1880 im »altdeutschen Stil« umgebaut.

Damals entsprach der überbordende Dekor des Fachwerkbaus »Rothe Amsel« wohl dem Zeitgeschmack. Leonhardi, ein Schüler des Spätromantikers Ludwig Richter, bei dem er an der Dresdner Kunstakademie studiert hatte und Atelierschüler war, ließ fast alle Fachwerkausfachungen aufwendig ausmalen. Weitere historisierende Zutaten sind ein imposanter Erker, der von einem Bergknappen gestützt wird, ein Ritter mit Schild und Lanze unter einem übergroßen Baldachin und die namengebende rote Amsel, in der Schreibweise »roth«.

Sohn eines wohlhabenden Dresdner Tintenfabrikanten, setzte sich Leonhardi auch für soziale Ziele ein, stiftete für Armenhaus und Kinderheim. Seine Förderstätte für Nachwuchs existierte jedoch nur kurz. Neben der malerischen, pseudovolkstümlichen Fachwerkmühle ließ Leonhardi ein Ateliergebäude errichten und mit dem Altbau verbinden. Hier bot er jungen Künstlern Raum; der Dresdner Maler Charles Palmié, der die Fassade mit den Sinnsprüchen versehen hatte, wohnte wohl eine Zeit lang in der Mühle.

Das blieb aber Episode. Noch zu seinen Lebzeiten stellte Leonhardi sein eigenes Werk hier aus, nach seinem Tod 1905 wurde ein Museum aus der Anlage. Werke Leonhardis sind zu sehen, den Landschaftsmaler interessierte besonders der Wald als Motiv, und die städtische Galerie zeigt hier zeitgenössische Kunst, insbesondere sächsischer Künstler.

1882.
Herrgott verleihe dein Gunst
Diesen vier Pfählen.
Draußen Natur innen Gunst
Wie könntes da fehlen?

Rothe Amsel

1704.
Schütze jeden
ken u Schweden
o 1704
ie Schweden
hier.

1784.
Aus großer Wasersnot
Sind glücklich wir entkommen
Der Herr der Fluthen gebot
Da retteten sich die
Frommen.

1813.
Fürwahr kein
ist der Kosaku
1813 ließ hier de
Eisen legen an

Adresse Leonhardi-Museum, Grundstraße 26, 01326 Dresden-Loschwitz,
www.leonhardi-museum.de | ÖPNV Bus 61, Haltestelle Körnerplatz | Öffnungszeiten
Di–Fr 14–18 Uhr, Sa, So 10–18 Uhr | Tipp Im Garten steht ein Gedenkstein zu Ehren
von Ludwig Richter. Eduard Leonhardi wurde auf dem Loschwitzer Friedhof begraben
(siehe Seite 202).

77___Die Sächsische Dampfschiffahrt

Altes Schiff, was nun?

1837 ging das erste Schiff der Sächsischen Dampfschiffahrt mit Passagieren an Bord auf Fahrt. Bekannt ist auch, dass die »Königin Maria« in Dresden vom Stapel lief: Gebaut am Johannstädter Ufer, wurden Kessel und Maschine in der Übigauer Werft eingebaut. Konstrukteur war Andreas Schubert, seines Zeichens Professor der Mathematik und Mechanik in Dresden, der sich an der Seine kundig gemacht hatte. So weit, so bekannt. Dass das Traditionsunternehmen mit seiner über 175-jährigen Geschichte für sich wirbt und die Tatsache, die älteste und größte Raddampferflotte zu betreiben, beim Jubiläum kräftig gefeiert hat, liegt auf der Hand.

Aber mal andersrum gefragt: Neun Schiffe über 80, das jüngste wurde 1929 gebaut, wer hält die museale Technik eigentlich in Schuss? Zuständig für die alten Schlachtrosse ist meist die Laubegaster Werft. Schon Mitte des 19. Jahrhunderts begründet, war die Werft 1898 von Blasewitz nach Laubegast verlegt worden. Dort entstanden acht Raddampfer der »Weißen Flotte«, im Jahr 1926 ihr Flaggschiff, die noch im Einsatz befindliche »Dresden«, und 1929 das mit 70 Metern größte Schiff, die »Leipzig«. Auch die meisten Elbfähren wurden in Laubegast gebaut.

Auch mit der regelmäßigen Wartung der historischen Flotte hat man langjährige Erfahrung. Der älteste Schaufelraddampfer, die über 130 Jahre alte »Stadt Wehlen« (1879 gebaut), besitzt noch die Originaldampfmaschine. Der einzige noch mit Kohle befeuerte Dampfer ist die »Diesbar«, 1884 in den Dienst gestellt. Mit an Bord: die älteste noch funktionsfähige Dampfmaschine (von 1841 vom Schiff »Bohemia«) – auch sie wurde in Laubegast instand gesetzt. Die Expertise ist gefragt: Als Spezialist für historische Fahrzeuge hat die Laubegaster Werft auch schon alte Hamburger Alsterdampfer restauriert.

Adresse Sächsische Dampfschiffahrts GmbH & Co, Anleger am Terrassenufer, 01067 Dresden-Altstadt, www.saechsische-dampfschiffahrt.de | **ÖPNV** Straßenbahn 3, 7, Haltestelle Synagoge | **Öffnungszeiten** Fahrbetrieb März–Dez. | **Tipp** In limitierter Auflage werden die Raddampfer auch im Maßstab 1:400 nachgebaut, www.modell-raddampfer-manufaktur.de.

78 Die SLUB
Die intelligente Bibliothek

Braucht man zum Lesen den Blick nach draußen? Da teilen sich die Meinungen. In der neuen Sächsischen Landesbibliothek, kurz SLUB genannt, wurde der Lesesaal unterirdisch versenkt. Nur von oben erhellt Tageslicht den mehr als 1.000 Quadratmeter großen Saal mit seinen 250 Arbeitsplätzen, je nach Witterung automatisch abgeschattet durch elektrochromes Glas, das auch »intelligentes« Glas genannt wird, weil es durch elektrische Spannung als Sicht- oder Sonnenschutz dienen kann. Oberirdisch markieren nur zwei Gebäude den Standort der Bibliothek, eines für die Besucher, das andere für die Verwaltung. Die Fassaden wurden von den beiden österreichischen Architekten Manfred und Laurids Ortner mit thüringischem Travertin gestaltet. Unterschiedlich breite senkrechte Streifen sollen als Strichcode oder Bücherwand gelesen werden, das Prinzip setzt sich auch im ganzen Innern fort.

SLUB, das aus den Anfangsbuchstaben der Sächsischen Landes- und Universitätsbibliothek gebildete Akronym, geht nicht ganz so leicht über die Lippen wie es StaBi, LaBi oder UBi tun würden. Dass hier das Pflichtexemplarrecht gilt und jedes in Sachsen erschienene Buch per Beleg eintrudelt, scheint – bis auf die Kapazitätsfrage – fast nachgeordnet, muss sich doch jede Bibliothek heute der digitalen Realität stellen. Möglichst intelligent.

Im SLUBlog (übersetzt: Blog der Bibliothek) wird kommentiert, wie man mit den Herausforderungen der schönen neuen Welt umgeht. Ein Beispiel ist die »kundengesteuerte Erwerbung« von Büchern. Das Ganze funktioniert so: E-Books werden zwar in den Katalog aufgenommen, gezahlt wird aber nur, wenn Leser das Buch nachfragen. Bei nur wenigen Ausleihern entrichtet die SLUB eine geringe Leihgebühr an den Verlag, bei stärkerem Zuspruch wird der Titel automatisch gekauft. Wenn das mal nicht die Buchbranche revolutioniert. Nur noch Bücher, die auch gelesen werden! Intelligent, oder?

Adresse Sächsische Landesbibliothek, Staats- und Universitätsbibliothek, Zellescher Weg 18, 01069 Dresden-Südvorstadt/Räcknitz, www.slub-dresden.de | **ÖPNV** Bus 61, Haltestelle Staats- und Universitätsbibliothek | **Tipp** Das Buchmuseum in der SLUB besitzt wertvolle Handschriften, Notenblätter und frühe Drucke, darunter ein Dokument der Maya, der berühmte »Codex Dresdensis«.

79 Der Sächsische Landtag

Ein Glashaus für die Abgeordneten

Ein Parlamentsgebäude ist immer ein Bauprojekt von besonderer Bedeutung, für den Freistaat Sachsen wie anderswo. Das wegen seiner Leichtigkeit gerühmte Gebäude aus Glas spiegelt Selbstbewusstsein wider und soll wohl auch (politische) Transparenz und Offenheit demonstrieren. Unter den vielen Neubauten, die seit 1990 im Zentrum Dresdens entstanden sind, hat der Kulka-Bau es am unaufgeregtesten und elegantesten vermocht, sich in das berühmte Stadtpanorama und die Kette der historischen Wahrzeichen entlang der Elbe einzufügen.

Das alte Landtagsgebäude wurde 1928 bis 1931 im Stil der Neuen Sachlichkeit errichtet, ursprünglich diente es als Sitz des Landesfinanzamts, später der SED-Bezirksleitung. Der moderne Anbau von Peter Kulka mit gläsernem Plenarsaal ist 1994 eingeweiht worden und ergänzt den im Zweiten Weltkrieg an der Elbe zerstörten Komplex. Der Architekt erweist dem Bonner Plenargebäude von Behnisch, einem gebürtigen Dresdner wie Kulka selbst auch, und auch der Berliner Nationalgalerie von Mies van der Rohe seine Reverenz. Aus dem Sitzungssaal an der nördlichen Ecke blicken die Abgeordneten unmittelbar auf die Elbe, auch aus dem Restaurant im Dachgeschoss ist ein prachtvoller Blick zu genießen, im Sommer auf der Terrasse.

Von Peter Kulka stammt auch die spektakuläre Dachkonstruktion, die im wiederaufgebauten Schloss den Innenhof überspannt. Das Kuppeldach setzt sich aus 265 transparenten pneumatischen Kunststoffkissen zusammen, für die der Architekt zusammen mit Philipp Stamborski eine rautenförmige Gitterstruktur aus Stahl konstruierte.

Das Foyer des Landtags wird für Ausstellungen über die Geschichte und Gegenwart des sächsischen Parlamentarismus vielfältig genutzt. Mit einer auf die alte Kaimauerkante aufgesetzten Flutschutzmauer wurde die Neue Terrasse gegen Hochwasser geschützt, ein Spazier- und Radweg führt daran entlang bis zum Ostragehege.

Adresse Bernhard-von-Lindenau-Platz, 01067 Dresden-Wilsdruffer Vorstadt/Seevorstadt-West, www.landtag-sachsen.de | **ÖPNV** Straßenbahn 11, Haltestelle Am Zwingerteich | **Tipp** Die Besuchertribüne des Plenarsaals ist für Interessierte nach Voranmeldung bei Landtagssitzungen offen.

80__ Die Saloppe
Die Elbe als Trinkwasserlieferant

Ein schöner Name, für eine Sommerwirtschaft allemal, aber auch für ein Wasserwerk. Gehört Schaluppe eigentlich noch zum aktiven Wortschatz, oder steht es schon auf der »Roten Liste bedrohter Wörter«? Entstanden sein soll der Name des Wasserwerks jedenfalls aus »Schaluppa«, Anfang des 19. Jahrhunderts eine Schankwirtschaft und schiffsähnliche Bretterbude (daher der Name), die sich hier nahe der Mündung des Eisenbornbachs befand.

1875 nahm das erste städtische Wasserwerk – von Architekt Carl Gustav Theodor Friedrich und Ingenieur Bernhard Salbach errichtet – seinen Betrieb auf. Das lang gezogene Gebäude aus gelbem Klinker verbarg Kessel und Maschinenhäuser noch hinter historisierender Wehrhaftigkeit. Sechs Dampfpumpen förderten das mittels Uferfiltration gewonnene Wasser über einen Hochbehälter in das zentrale Verteilungsnetz der Stadt. Natürlich filtriertes Flusswasser der Elbe zu nutzen, war alles andere als gängige Praxis. Bislang versorgten vorwiegend Brunnen und zugeleitetes Quellwasser Dresden mit dem benötigten Trinkwasser. In den 1920er Jahren modernisiert, hat die Saloppe bis 1993 zuverlässig Trinkwasser geliefert.

Ihr jüngeres Pendant in Hosterwitz wurde von Hans Erlwein Anfang des 20. Jahrhunderts errichtet. Auch das neuere Wasserwerk gewann Trinkwasser zunächst aus Uferfiltrat, das durch eine Filterstufe aufbereitet wurde. Ab den 1930er Jahren arbeitete man in Hosterwitz nach dem Prinzip einer künstlichen Grundwasseranreicherung. Auch dabei wird der Elbe Wasser entnommen: Es versickert durch große, mit Sand und Kies gefüllte Becken in den Untergrund und erhöht so den Grundwasserspiegel. Mittels Rohrbrunnen wird das Wasser dann wieder zutage gefördert.

Seit 1995 profitiert die Chipindustrie in Dresden vom alten Wasserwerk. Unter Nutzung der ursprünglichen Technologie der Uferfiltration versorgt die Saloppe sie mit Nutzwasser.

Adresse Brockhausstraße 2, 01099 Dresden-Radeberger Vorstadt | **ÖPNV** Straßenbahn 11, Haltestelle Wilhelminenstraße | **Tipp** Einen historischen Überblick zur Versorgung Dresdens mit Strom, Gas, Fernwärme und Wasser gibt das Dresdner Energiemuseum Kraft-Werk, www.kraftwerk-museum.de.

81 Die Schauburg

Das kultige Filmtheater

Eher wie ein Bunker denn wie eine Burg wirkt das Kinogebäude an der Königsbrücker Straße. Der wuchtige, kompakte und fast klobige Bau an einer belebten Straßenkreuzung schottet sich geradezu von seiner Umgebung ab. Von Architekt Martin Pietzsch stammt auch das trutzig-originelle Künstlerhaus in Loschwitz. Die Farbgebung des Gebäudes in dem Englischrot genannten Ton verstärkt noch den abwehrenden Eindruck.

Eröffnet wurde die Schauburg zur Zeit der großen Ballsäle und des Varietés, mit denen das neue Medium der bewegten Bilder konkurrieren musste. Als das Lichtspielhaus am 15. Oktober 1927 eröffnet wurde, war noch kaum abzusehen, wie sich die »Kinematographie« entwickeln würde. Der Originalsaal erhielt damals 1.000 Sitzplätze, das spricht für erheblichen Optimismus. Das Eröffnungsjahr fällt noch in die Stummfilmära: Gerade mal eine Woche vorher, am 6. Oktober 1927, fand in New York die legendäre Erstaufführung von »The Jazz Singer« statt, der als der erste abendfüllende Tonfilm gilt. Der Siegeszug des Tonfilms lag noch in ferner Zukunft, 1929 baute die Ufa in Babelsberg das erste Tonfilmatelier Deutschlands.

Mit ihren drei Kinosälen Sergio Leone, Fritz Lang und Andrej Tarkowski behauptet sich die Schauburg heute gegen die großen Multiplexe Dresdens. Im Programmkino stellt man ein anspruchsvolles tägliches Angebot zusammen, zeigt Kinderfilme und öffnet die Säle auch für Poetry-Slams, Konzerte und Lesungen. Für Festivals wie das Dresdner Kurzfilmfest ist die Schaubühne auch Abspielort. Maximal 30 Minuten lang dürfen die Wettbewerbsfilme sein. Um die Nominierungen bewerben sich jedes Jahr mehr als 2.500 Spiel- und Animationsfilme aus über 80 Ländern. Gezeigt werden am Ende um die 70 Filme in verschiedenen Programmreihen, die vergebenen Awards sind selbstverständlich … Goldene Reiter!

Adresse Königsbrücker Straße 55, 01099 Dresden-Neustadt, www.schauburg-dresden.de | **ÖPNV** Straßenbahn 7, 8, 13, Haltestelle Bischofsweg | **Tipp** Das Kurzfilmfest findet im April statt, Termine und Programm unter www.filmfest-dresden.de.

82 Der Schmetterling

Die größte Haltestelle Dresdens

In Dresden geht es animalisch zu. Rote Amsel, Weißer Hirsch, gläserne Kuh, dampfbetriebene Dackel, strahlende Giraffen, Storchennester, ganze Hechtviertel und nun auch noch ein Schmetterling – tritt denn hier die ganze Arche Noah auf?

Bis zur Schleifung der Stadtbefestigung ab 1813 stand am heutigen Postplatz eines der Stadttore (siehe Seite 188), das Wilsdruffer Tor. Für die Doppelhaltestelle »Postplatz« ließen sich die Architekten vom einstigen Stadttor anregen. Ihr Entwurf sei eine moderne Übersetzung des Tors in ein »heutiges Zeichen für den Eingang in die Altstadt« und zugleich Erinnerung an die Stadtgeschichte. Was in Dresden jetzt steht, heißt aber längst »Schmetterling«. Was könnte von einem massiven Tor weiter entfernt sein als ein zarter Falter? Ein schönes Kompliment für die glasgedeckte Stahlrahmenkonstruktion, die die Haltestellen überdacht.

An zwei großen Pylonen, die eigentlich an die Pfeiler eben jenes Tores erinnern sollten, ist eine dreieckige gläserne Dachfläche abgehängt. Je nach Standort und Perspektive ähneln die Bauteile tatsächlich den Flügeln eines Schmetterlings.

Sieben Straßenbahn- und mehrere Buslinien kreuzen an der Doppelhaltestelle ihre Wege. Weder der große Verkehrsknotenpunkt Postplatz (siehe Seite 106) noch die breite Wilsdruffer Straße lassen sich leicht mit der Vorstellung von Stadtmauern vereinbaren. Beim Wiederaufbau Dresdens in den 1950er Jahren entstand die Wilsdruffer als extrem verbreiterte Ost-West-Magistrale. Und als wichtigstes Zeugnis der neuen, an der internationalen Moderne orientierten Bauweise wurde in den 1960er Jahren dort der Kulturpalast errichtet – ein Glaskasten statt Trutzburg.

Und doch genau dort findet sich die Stadtgeschichte wieder: Die fünf jeweils 2,40 Meter hohen Bronzetüren von Gerd Jaeger erzählen die Geschichte Dresdens vom »Fischerdorf bis zur sozialistischen Großstadt«.

Adresse Postplatz, 01067 Dresden-Altstadt | **ÖPNV** Straßenbahn 1, 2, 4, 8, 9, 11, 12, Haltestelle Postplatz | **Tipp** Besuchen Sie auch das Straßenbahnmuseum (Trachenberger Straße 38, Trachenberge). Infos unter www.strassenbahnmuseum-dresden.de

83_ Schnuff

Ein Affe im Haus erspart den Doktor

Bubbles ist bekannter, Michael Jackson auch. Schnuff, das Kapuzineräffchen von Carl Maria von Weber, kann mit der Prominenz des Schimpansen nicht konkurrieren. Dass beide Musiker ausgerechnet Affen als Gefährten wählten und ihnen lautmalerische Kosenamen gaben, gibt Rätsel auf. Primaten unter sich, möchte man meinen, wissenschaftliche Studien bewiesen das Gegenteil. Affen mögen dem Menschen in vielem ähnlich sein, auf Menschenmusik stehen sie nicht. Bubbles wurde möglicherweise sogar in Jacksons Testament bedacht, Schnuff, den Weber in Hamburg bei einem Matrosen erstanden hatte, erhielt ein eigenes Grabmal in Hosterwitz. Sein Epitaph versteckt sich außen an der Friedhofsmauer der Schifferkirche Maria am Wasser (siehe Seite 128). Eine Aufschrift erinnert an »Schnuff Weber. Ein Freund aus der Neuen Welt«.

Der Kapellmeister Carl Maria von Weber war vom König 1817 als Musikdirektor nach Dresden verpflichtet worden, für die neue deutsche Oper, die in heftige Konkurrenz zur älteren italienischen Oper trat. Über die Bedeutung Webers als Komponist, Dirigent und Begründer der romantischen Oper, für die Musik im Allgemeinen und für Dresden im Besonderen wurden ganze Bücher geschrieben. Weberweg, Weberstraße und Weberplatz ehren sein Angedenken, Oberon, Freischütz, Euryanthe und Peter Schmoll tummeln sich munter in Kleinzschachwitz, die Musikhochschule trägt schon seit 1959 seinen Namen. Mit Hosterwitz verbinden den Komponisten sicher die schönsten Erinnerungen – in einem Winzerhäuschen hat er mit seiner Frau, der Sängerin Caroline Brandt, viele Sommer verbracht.

Ihr gemeinsamer Sohn Max Maria von Weber erzählte später in der romanhaften Biografie seines Vaters, wie oft der Affe Streiche spielte und alle zum Lachen brachte. »Nie habe ich Geld nützlicher angewendet, denn seinen tausendfachen Preis hat mir der kleine Satan an Apotheke und Doktor gespart«, habe sein Vater häufig geäußert.

Adresse Maria am Wasser, Kirchgasse 7, 01326 Dresden-Hosterwitz | **ÖPNV** Bus 63, Haltestelle Van-Gogh-Straße | **Tipp** Im Carl-Maria-von-Weber-Museum in Hosterwitz finden auch musikalische Veranstaltungen statt.

84_ Der Schriftzug

Dresden grüßt seine Gäste

Die längst stillgelegte Stadtmarketing-Reklame aus den 1970ern blinkt nicht mehr. »Dresden grüßt seine Gäste« prangt es in großen Lettern auf dem Dach des Hochhauses an der Freiberger Straße. Einst leuchtete der Schriftzug um die Wette mit den farbigen Neonblumen dazwischen.

Im Februar 2009 stand unter der überdimensionalen Begrüßung ein genauso großer Rauswurf: »Auf Nazis verzichten wir!« Das Banner hatte die Initiative Bürger.Courage aus Anlass einer rechtsextremen Demonstration am Hochhaus angebracht – so medienwirksam wie beabsichtigt. Seit 2005 gibt es diesen Freundeskreis »Dresden gegen rechtsextremes Denken«; mit ihrer Arbeit setzen sich die Mitglieder ehrenamtlich, überparteilich und gewaltfrei für Toleranz und demokratische Werte ein. Eine ihrer ersten kreativen Aktionen – ebenfalls anlässlich eines Aufmarschs der Neonazis – war eine 300 Meter lange Leine auf den Elbwiesen, an der Laken hingen mit den Namen von 100 Todesopfern rechtsextremer Gewalt in Deutschland seit 1990. Häufig wird mit professionellen Künstlern zusammengearbeitet, bei der Aktion »100 Tote« mit einem Bühnenbildner und einer Fotografin, beim Projekt »18 Stiche« mit einem Bildhauer: Insgesamt 18 aus Beton gegossene stilisierte Messer wurden in den Boden gesteckt, um an den Tod der 2009 in einem Dresdner Gerichtssaal ermordeten Marwa El-Sherbini zu erinnern. Zum Jahrestag der Bücherverbrennung werden regelmäßig Bücher damals verbotener Autoren zum »Bookcrossing« ausgesetzt.

Der Komplex von insgesamt fünf Hochhäusern in Großplattenbauweise wurde 1962 bis 1964 errichtet. Was damals modern war, kommt offensichtlich gerade wieder: In einem der Entwürfe für die Bebauung am Postplatz ist auch ein Schriftzug aus ein Meter hohen Metallbuchstaben vorgesehen. Auf dem als Hotel geplanten Gebäude wird dann zu lesen sein: »Ein Leben ohne Freude ist wie eine weite Reise ohne Gasthaus.«

Dresden grüßt seine Gäste

Adresse Freiberger Straße, 01067 Dresden-Wilsdruffer Vorstadt | ÖPNV Straßenbahn 1, 2, 4, 8, 9, 11, 12, Haltestelle Postplatz | Tipp Laufende, abgeschlossene und geplante Aktionen von Bürger.Courage finden sich unter www.buerger-courage.de. Initiator und Vorsitzender des Vereins, in dem sich rund 100 Bürger engagieren, ist Christian Demuth.

85__Das Schulzimmer

Nachsitzen im Museum

Mit Nostalgie und Wehmut erinnert man sich gern an glückliche Kindheitstage. Aber ob gerade ein Schulzimmer die wachruft? Vermutlich überwiegen da ganz unromantische Erinnerungen an die Paukerei und die strengen Schulregeln anno dunnemals. »Nehmen Sie Platz an den alten Schulbänken und erinnern Sie sich an Ihre eigene Schulzeit«, fordert das Schulmuseum dennoch seine Besucher auf. Tatsächlich können Schüler und Erwachsene hier eine historische Unterrichtsstunde erleben, wie sie in der zweiten Klasse einer Volksschule um 1900 gehalten wurde, das gehört zum Museumsangebot. Aber will man wirklich die »Rohrstockpädagogik« der Kaiserzeit kennenlernen? Geübt wird etwa das richtige Sitzen, wie man sich korrekt zu melden, bei der Antwort aufzustehen und aus der Bank »auszutreten« hatte.

Im Programm hat das Museum auch Schreibkurse zum Erlernen von Sütterlin und anderen deutschen Schriften. Die eigentliche Ausstellung beschränkt sich aber glücklicherweise nicht auf altes Lehrmaterial, Schiefertafel und Griffel. Drei Schulzimmer sind komplett ausgestattet mit historischem Mobiliar. Im Klassenraum der Kaiserzeit steht vermutlich sogar noch kalter Angstschweiß im Raum. Das Schulzimmer der Weimarer Zeit erinnert an die Versuche der Reformschulen, den Unterricht freier zu gestalten: Die Schüler saßen nicht in Bänken, sondern in kleinen Gruppen an Tischen. Der Teil zur NS-Zeit ist bewusst als reine Dokumentation unter dem Titel »Erziehung zum Krieg – Schule im ›Dritten Reich‹« gestaltet. Im Klassenraum aus DDR-Tagen: Bänke, Stühle aus den 1960er und 1970er Jahren ostdeutscher Schulen. Vom Geist der Zeit zeugen die Wandbilder – von Stalin bis Honecker.

Mancher Rucksackträger von heute wird erstaunt feststellen, dass es einst unterschiedliche Schulranzen gab: mit kleiner Klappe für Mädchen und großer für Jungen. Der Ranzen sollte sie beizeiten auf den Tornister vorbereiten.

Adresse Schulmuseum, Seminarstraße 11, 01067 Dresden-Friedrichstadt, www.schulmuseum-dresden.de | **ÖPNV** Straßenbahn 1, 2, 6, 10, S-Bahn, Haltestelle Bahnhof Mitte | **Öffnungszeiten** Do 14–18 Uhr | **Tipp** Die 1895 eröffnete Großmarkthalle nahebei ist heute Domizil einiger Geschäfte und eines Einrichtungsmarkts und wartet auf ihre wirkliche Wiederbelebung.

86__Die Senfbüchse
Eine Geschichte aus der Eiszeit

Früher waren Winter noch Winter, früher froren die Flüsse und Seen noch zu, früher war Weihnachten noch weiß. In Zeiten des Klimawandels könnte man den Schlittschuhen und Rodelschlitten der Kindheit durchaus nachtrauern.

Der Winter 1798/99 war zeitgenössischen Berichten zufolge von langer Dauer, schneereich und extrem kalt. Schon im November gab es heftige Schneefälle, im Dezember sorgte ein Kälteeinbruch für Temperaturen von bis zu minus 30 Grad Celsius in Dresden. Schon Weihnachten trug die Elbe eine geschlossene Eisdecke, die in den nächsten Tagen so stark wurde, dass der Fluss ab Mitte Januar 1799 auch mit schweren Fuhrwerken passierbar war. Im Februar setzte plötzlich Tauwetter ein. Das Schmelzwasser stürzte geradezu von den Bergen, dazu kamen noch starke Regenfälle. Am 23. Februar gegen 21 Uhr kündeten die Signalkanonen auf der Festung Königstein vom Eisaufbruch. Dresden folgte in den frühen Morgenstunden des 24. Februar. Mächtige Eisbarrieren bildeten sich vor Hindernissen wie Brücken und Untiefen. Bedingt durch den Eisstau und das Schmelzwasser stieg der Pegelstand rasch.

Aus diesem Eishochwasser zog Dominik Josef Hermann unter eigener Lebensgefahr zwei Menschen. Am 24. Februar rettete er Schiffer, die im Eisgang der Elbe in ihrem Kahn schon ein ganzes Stück weit mitgerissen worden waren. Das Josef-Hermann-Denkmal in Loschwitz entstand zum Angedenken an den mutigen Mann. Der kleine Rundbau an der platzartig erweiterten Friedrich-Wieck-Straße heißt im Volksmund nur Senfbüchse. Im Innern erinnert ein Marmorrelief mit einer antikisierenden Darstellung an die Rettungsaktion. Der Sohn, Bildhauer Josef Hermann, schuf es 1869 in Rom.

Damals gehörte die von der Grundstraße kommende Trille zum Leben am alten Dorfplatz. Zur »Senfbüchse« gelangte man nur über einen Steg. Auch dieser kleine, heute kanalisierte Bach konnte ein-, zweimal im Jahr bedrohlich über seine Ufer treten.

Adresse Josef-Hermann-Denkmal, Friedrich-Wieck-Straße, 01326 Dresden-Loschwitz | **ÖPNV** Bus 61, 63, Haltestelle Körnerplatz | **Tipp** Das BuchHaus Loschwitz am alten Dorfplatz wurde 2008 als »Buchhandlung des Jahres« ausgezeichnet.

87 Die Silbermann-Orgel

Pfeifenwerke aus Zinn und Blei

Fachleute können an Klang, Konstruktion und Größe historischer Orgeln erkennen, aus welcher Region sie stammen. »Orgelland-schaften« nennen Musikhistoriker das Phänomen, dass schon in Nord-, Mittel- und Süddeutschland sehr unterschiedliche Instrumente gebaut wurden, geschweige denn in den Nachbarländern. Daraus zu schließen, auch die Orgelbauer selbst seien auf ihre nahe Umgebung begrenzt geblieben, ist für Familie Silbermann falsch.

Gottfried Silbermann, geboren 1683 in Kleinbobritzsch nahe Freiberg, erlernte das Orgelbauhandwerk bei seinem fünf Jahre älteren Bruder Andreas in Straßburg. Dort bauten die Brüder gemeinsam mehrere Orgeln, eine Zeit lang übernahm der jüngere die Werkstatt vertretungsweise, während der ältere sich zwei Jahre in Paris aufhielt und sich beim französischen Orgelbauer François Thierry fortbildete. Vertraut mit der französischen Orgelbautradition, kehrte Gottfried Silbermann 1710 aus dem Elsass in seine Heimat zurück.

Offensichtlich trat er durchaus selbstbewusst auf und wusste um seinen Wert. Um den Preis der Orgel für die Frauenkirche gab es unerfreuliche Dispute zwischen dem Rat der Stadt und dem Baumeister. Silbermann scheint sich in der Regel durchgesetzt zu haben, denn er wurde mit dem Orgelbau recht wohlhabend. Vermutlich brachte sein Beruf ihn aber auch um: Der Orgelbauer verstarb höchstwahrscheinlich an den Folgen einer Zinn-Blei-Vergiftung. Aus dieser »Orgelmetall« genannten Legierung wurden die Orgelpfeifen hergestellt.

Die ab 1750 als letzte und größte von Silbermann gebaute Orgel der Dresdner Katholischen Hofkirche gilt als seine schönste. Nach seinem Tod 1753 vollendete sein ehemaliger Schüler Zacharias Hildebrandt das Instrument. Weil es im Zweiten Weltkrieg ausgelagert war, konnte das Pfeifenwerk gerettet werden – die Silbermannorgeln der Sophienkirche und der Frauenkirche dagegen wurden 1945 zerstört.

Adresse Kathedrale St. Trinitatis, Schlossplatz, 01067 Dresden-Altstadt, www.kathedrale-dresden.de | **ÖPNV** Straßenbahn 4, 8, 9, Haltestelle Theaterplatz | **Öffnungszeiten** Mo, Di 9–18 Uhr, Mi, Do 9–17 Uhr, Fr 13–17 Uhr, Sa 10–17 Uhr, So 12–16 Uhr, außerhalb der Gottesdienste | **Tipp** Mittwochs und samstags findet um 11.30 Uhr eine öffentliche Orgelprobe statt.

88 Der Spielplatz

Wippen, Klettern, Rutschen

Ein großer silbern glitzernder Fisch schnappt nach Luft. Kleine Holzkästen auf dem hellblauen Beton sehen aus wie dort platzierte Nistkästen. Durch eine große Aussichtsplattform wächst ein Baum. Eine wehrhafte hölzerne Burg verrät nur durch Kletternetz und Rutsche, dass sie Kinder zum Spielen einladen will. Neben der Kletterburg steht ein gelbes Dings, das wippt. Andere Elemente laden zum Balancieren ein.

Der Spielplatz zwischen Schanzenstraße und Rudolf-Leonhard-Straße kommt in vielerlei Hinsicht recht ungewöhnlich daher. Die kleine Grünfläche am Königsbrücker Platz ist weder besonders groß noch spektakulär bepflanzt. Auf der großen Wiese sind Skulpturen aufgestellt, aber vor allem der Spielplatz macht Laune. Mit seiner Gestaltung nimmt er auch auf den Namen »Hechtviertel« Bezug, in Form von Fischen, blauem Bodenbelag und wellenförmigen Mauern beispielsweise. Holzgeräte wurden mit Metallobjekten, Stein und Seilen kombiniert, kaum eines ähnelt einem landläufigen Spielgerüst.

»Pauli« nennen Anwohner den Spielplatz. Auch das DREWAG-Häuschen am Königsbrücker Platz hat Christian Gersdorf mit Bezug zur benachbarten Theaterruine St. Pauli (siehe Seite 52 und 198) bemalt. Sein »Schattentheater« zeigt in illusionistischer Fassadengestaltung ein Sandsteingebäude, das zum Teil aufgebrochen scheint und den Blick auf eine Bühne freigibt.

Spielplätze für Großstadtkinder wie diesen gab es nicht, als Erich Kästner ein Kind war. Auf Treppenstufen wurden ganze Schlachten nachgestellt, geturnt an Teppichstangen, erzählt der Autor in seinen Erinnerungen. Trotzdem zog es auch ihn von der Königsbrücker Straße zum Spielen ins nahe Hechtviertel, vielleicht weil sich hier zwei seiner Onkel als Pferdehändler niedergelassen hatten. Wenn frische Pferde eingetroffen waren, ging es in dem ohnehin dicht bevölkerten und belebten Viertel wie auf einem Marktplatz zu (siehe Seite 82 und 98).

Adresse Parkanlage Schanzenstraße, 01097 Dresden-Hechtviertel | **ÖPNV** Straßenbahn 7, 8, Haltestelle Tannenstraße | **Tipp** Die Website www.dd4kids.de verzeichnet über 200 Spielplätze, Rodelstrecken und ähnlich praktische Infos für Familien mit Kindern in Dresden.

89 Die Spitzhaustreppe

8848: Der sächsische Mount Everest

Der Treppenweg scheint direkt in den Himmel zu führen, und Himmelstreppe wird die barocke Anlage deshalb auch genannt. Nach jeweils sieben Stufen, für jeden Wochentag eine, gibt es einen Absatz. 52 Wochen hat das Jahr, der Rest ist eine Rechenaufgabe. Oder man zählt einfach nach: Als »Jahrestreppe« soll die Anlage am Lößnitzhang genau 365 Stufen haben – tatsächlich sind es ein paar mehr.

Zwingerarchitekt Matthäus Daniel Pöppelmann entwarf die barocke Treppe Mitte des 18. Jahrhunderts für August den Starken, sie führt am Weinberg »Goldener Wagen«, einer der besten Lagen des Radebeuler Anbaugebiets, vorbei und hinauf auf die Lößnitzhöhe. Oben entschädigt der Panoramablick über das Elbtal für den vergossenen Schweiß. Ein Spaziergang zum Bismarckturm und zum Spitzhaus, ebenfalls Mitte des 18. Jahrhunderts zum barocken Lustschlösschen umgestaltet, liegt nahe, zum Luftholen und auch um die Aussicht zu genießen. Auf dem Rückweg laden der Weinkeller Am Goldenen Wagen am Fuß der Treppe und das Weingut Hoflößnitz (siehe Seite 64) noch ein Stückchen weiter unterhalb zum Regenerieren ein.

Trainiertere Zeitgenossen sehen die Treppe als Herausforderung. Eine Institution ist der Spitzhaustreppenlauf schon länger. Extremläufer haben aber für ein paar Runden nur ein müdes Lächeln übrig, »ultra« muss es sein.

Die nächste Rechenaufgabe stand an und ergab: 100 Runden entsprechen einem kompletten Aufstieg von NN bis zum Gipfel des Mount Everest und zurück. Gleichzeitig entspricht die Distanz einem Doppelmarathon. Kein Wunder, dass die Schnapsidee in der Läuferszene Kreise zog: Es kamen schon Teilnehmer aus den USA, Belgien, Luxemburg und der Schweiz. Der Sieger beim 7. Sächsischen Mount Everest Treppenmarathon 2011 kam nach 14:56 Stunden ins Ziel. 79.400 Stufen können ganz schön in die Knie gehen, denkt da der »Normalo«.

Adresse Knohllweg, 01445 Dresden-Radebeul | **ÖPNV** Straßenbahn 4, Haltestelle Wasastraße | **Tipp** Zum »Treppenmarathon« anmelden können Sie sich unter www.treppenlauf.de. Teilnehmen dürfen auch Dreierstaffeln und »Touris«, bei der 100 »Touristen« jeweils nur eine Runde absolvieren.

90 Die Stadtmauer
Nummer VI lebt!

Wie August der Starke zu seinem Gondelhafen eilt man beschleunigten Schrittes am Japanischen Palais vorbei zum Elbufer, eröffnet sich doch von dort der berühmte Canaletto-Blick. Unbeachtet bleibt eine unscheinbare Mauer rechts liegen. Dabei kann man ihr durchaus einen zweiten Blick gönnen, ist sie doch ein Überrest der einstigen Stadtbefestigung.

Von Ost nach West waren die Bastionen auf der heutigen Neustädter Seite fortlaufend von I bis VI nummeriert, zur sechsten gehörte das kleine Stück im Palaisgarten. Wie die anderen fünf wehrhaften Forts entstand Nr. VI im 17. Jahrhundert, als der Erdwall um die rechtselbischen Stadtteile zum befestigten Ring ausgebaut wurde. Durch vier massive Tore konnte der Mauerring passiert werden, eines davon, das Leipziger Tor, befand sich am späteren Palaisplatz.

Anfang des 19. Jahrhunderts begann man auch in Dresden damit, die Befestigungsmauern abzutragen – wie in anderen Städten Europas hatten sie ihren militärischen Wert verloren. Im Zeitalter von Kanonen mit großer Feuerkraft bot der Mauerring kaum noch Schutz, und »vor den Toren« der Stadt waren längst weitere Gebiete bebaut worden. Eine Demolitionskommission überwachte die Abbauarbeiten: Während es sich in der Altstadt hinzog, weil die Wallanlagen zum Teil Privatbesitz waren (auf der Brühlschen Terrasse war ja sogar ein Garten angelegt worden), ging es in der Neustadt überaus schnell voran, denn die Wälle gehörten der Stadt.

Anstelle des Leipziger Tors schuf Hofbaumeister Gottlob Friedrich Thormeyer 1827 bis 1829 zwei Torhäuser im klassizistischen Stil, von denen heute nur noch eines auf dem Palaisplatz steht. Um 1830 war die Entfestigung abgeschlossen, die Stadtmauer geschleift. Erst spätere Generationen maßen ihr wieder historischen Wert bei. Dass gerade das Stück im Palaisgarten erhalten blieb, ist der Umgestaltung des Gartens zu verdanken – als Stützmauer für eine Terrasse war der Wall gerade gut.

Adresse Japanisches Palais, Palaisplatz 11, 01097 Dresden-Neustadt | **ÖPNV** Straßenbahn 4, 9, Haltestelle Palaisplatz | **Tipp** Das Damaskuszimmer im Museum für Völkerkunde besitzt kostbare Originalvertäfelungen eines prächtigen orientalischen Empfangsraums. Nur wenige Museen weltweit verfügen über solche kompletten Zimmer (Berlin, New York, Kuala Lumpur).

91___Die Sternwarte

Der Himmel über Dresden

Mitten im Wohngebiet am Weißen Hirschen steht die kleine Sternwarte hinter einem Gartenzaun. Zum 100. Geburtstag des Namengebers Manfred von Ardenne 2007 hatte die »VON ARDENNE Anlagentechnik« die sanierungsbedürftige Anlage restaurieren lassen.

Manfred von Ardenne gilt als einer der letzten Universalgelehrten. Nach seiner Rückkehr von zehnjähriger Tätigkeit in der Sowjetunion 1954 ließ sich Ardenne mit seinen engsten Mitarbeitern in Dresden nieder und baute ein Institut auf, das sich mit Biomedizin, Plasmaphysik und Krebstherapie befasste, die einzige private Forschungsstätte der DDR. Wie vielseitig er interessiert war, spiegelt sich nicht nur in seinen Leistungen – 1930 gelingt ihm die erste Fernsehübertragung –, sondern gerade auch in dieser kleinen Sternwarte im Garten.

Der Zeiss-Refraktor mit einem Objektivdurchmesser von 200 Millimetern und einer Brennweite von 3.000 Millimetern – gebaut zwischen 1909 und 1911 – gilt unter Fachleuten als Rarität, da nur sechs dieser Geräte existieren. Für Manfred von Ardenne war das teure, heute aufwendig restaurierte Stück reines Privathobby. 1956 ließ er den Refraktor in seiner Sternwarte aufstellen. Fachleute mögen über die technischen Daten ins Schwärmen geraten – E-Objektiv mit der Fabrikationsnummer 16810, ein Achromat nach Josef Fraunhofer zur Farbfehlerkorrektur, Öffnungsverhältnis 1:15 –, der Laie ist schwer beeindruckt, dass dieser astronomische Opa nach über 100 Jahren noch immer seine Aufgabe erfüllt und den Sternenhimmel über Dresden ganz nah heranholt.

Ganz im Sinne des Gründers sollen nun Schulklassen und interessierte Laien wieder das Firmament beobachten: »Die Betrachtung von Planeten, Kugelsternhaufen und größeren Nebelflecken in Teleskopen dieser Abmessungen ist einer der besten Wege, um dem Menschen die gewaltigen Maßstäbe des Kosmos näherzubringen und ihn innere Bescheidenheit zu lehren.«

Adresse Plattleite 27, 01324 Dresden-Weißer Hirsch, www.sternwarte-dresden.de | **ÖPNV** Straßenbahn 11, Haltestelle Plattleite | **Öffnungszeiten** Termine auf der Website, maximal 20 Personen, nach Anmeldung unter Tel. 0351/2637120 oder per E-Mail unter sternwarte.manfredvonardenne@vonardenne.biz | **Tipp** Manfred von Ardenne wurde auf dem Waldfriedhof Weißer Hirsch begraben, dort fand auch Sanatoriumsdirektor Dr. Heinrich Lahmann seine letzte Ruhestätte.

92 __ Die Straußwirtschaft

Colorem, Odorem, Saporem

Ein guter Wein soll Colorem haben, eine schöne Farbe, Odorem, einen guten Geruch, und Saporem, einen angenehmen Geschmack. Was 1715 ein »Frauenzimmer-Lexicon« forderte, gilt nach wie vor. Heute sprechen qualitätsbewusste Winzer gern von »Terroir« – der nicht mit einem Wort zu übersetzende französische Begriff umfasst zugleich Erde, Boden(-durchlässigkeit und -feuchte), Landschaft, Sonne und Wärme, Niederschläge, Mikroklima, Hangneigung. Seit Terroir Trend ist, profitiert davon auch das Anbaugebiet an der Elbe, die überregionale Nachfrage für sächsische Weine wächst.

Terroir schafft den Charakter, der Mensch die Qualität. Der Radebeuler Winzer Karl Friedrich Aust wuchs in einer Hobbywinzerfamilie auf und hatte zunächst eine Lehre als Steinmetz gemacht. Nicht zu verfehlen ist an der Ecke zum Knohllweg das Meinholdsche Turmhaus.

Die wenigen Plätze vor dem historischen Weingut sind begehrt. Die Aura guten Lebens wird hier geradezu greifbar, Weinberge, Sonne, alte Winzerhäuser und Villen künden von Genuss und Lebensfreude einer Weinbauregion. Es wurde allerdings hart dafür gearbeitet: Aust gehört zu den Winzern mit Geduld, denen es weniger auf hohe Erträge ankommt als auf Qualität.

In der Weinbergstraße laden weitere Winzer zur Probe ein, im Retzschgut und bei den »Drei Herren«. Mit dem Aufschwung des Weinbaus im Elbtal eröffneten hübsche Straußwirtschaften am Fuß der Weinberge, Gewölbekeller werden zu Vinotheken, gemütliche Weinlokale sind beliebte Ausflugsziele. Winzer führen durch ihre Weinberge oder bieten Übernachtungen im eigenen Gut an. Nach wie vor sind es hier mehrheitlich Hobby- und Nebenerwerbswinzer, die die Rebflächen bewirtschaften, und nur wenige größere Betriebe. Rund 3.400 Winzer bauen an den Elbhängen Wein an, setzen verfallene Trockenmauern instand, roden überwucherte Terrassen und reben sie wieder auf.

Adresse Meinholdsches Turmhaus, Weinbergstraße 10, 01445 Dresden-Radebeul, www.weingut-aust.de | **ÖPNV** Straßenbahn 4, Haltestelle Wasastraße | **Öffnungszeiten** Restaurant Fr 13–22 Uhr, Sa, So 12–22 Uhr, Straußwirtschaft im Sommer | **Tipp** Oberhalb der Rebflächen verläuft der Sächsische Weinwanderweg, über den man bis zum Wackerbarth'schen Weingut (oder weiter) spazieren kann.

93 Die Streuobstwiesen

Eine Frage des guten Geschmacks

Den guten alten Zeiten nachzutrauern, ist meistens töricht. Nur beim Obst könnte man doch geneigt sein, wehmütig zu werden. Wobei mit guter alter Zeit die DDR gemeint ist: Hier gab es kaum Rodungen, sodass viele Streuobstwiesen erhalten blieben. Anderswo legte man Monokulturen an und setzte Pestizide und Düngemittel ein, um Obst wirtschaftlicher zu erzeugen. Die Folge: Von ursprünglich rund 2.800 Apfelsorten sind heute zwar noch etwa 1.000 in Deutschland vorhanden, im Supermarkt aber nur fünf bis sieben Sorten erhältlich.

Bedingt durch das besondere Mikroklima, gelten Dresden und das Umland schon seit langer Zeit als begünstigtes Obstanbaugebiet. Wie nicht anders zu erwarten, soll mal wieder August der Starke die Finger im Spiel gehabt haben. Bei jeder Hochzeit seien drei Obstbäume zu pflanzen, forderte sein Erlass. Je nach Quelle schrieb er nur einen oder zwei Bäume vor, oder er ordnete ausdrücklich an, die Bäume als Alleen zwischen den Ortschaften zu pflanzen. Aber gleichgültig, ob Streuobstwiese oder Obstbaumallee – Schöner von Herrnhut, Böhmischer Rosenapfel, Zuccalmaglios Renette, Gute Luise von Avranches und Danziger Kantapfel gehören zu den fast vergessenen Sorten, die rund um Dresden noch wachsen. Quitten waren so verbreitet, dass sie als sächsische Orangen galten.

Pomologie ist der schöne lateinische Name für Obstbaukunde, und Pomologen ersten Ranges überführen in einem 200 Jahre alten Gewölbekeller im ehemaligen Weinberg von Klotzsche die feinen Früchte in flüssigen Zustand. Zu sortenreinem Brand veredelt die »Erste Dresdner Spezialitätenbrennerei« alte Apfel-, Birnen-, Quitten- und Zwetschgensorten. Ein guter Obstbrand ist nur aus sehr gutem und reifem Obst zu machen. 2001 gründeten Georg Schenk und Lutz Diestelhorst die Obstbrennerei »Augustus Rex«. Seither destillieren sie nicht nur Schnäpse, sondern unterstützen auch Obstbauern, versuchen, alte Bäume zu retten, und kämpfen für »Obst-Biodiversität«.

Adresse Erste Dresdner Spezialitätenbrennerei, Klotzscher Hauptstraße 24, 01109 Dresden-Klotzsche, www.augustus-rex.com | ÖPNV Bus 72, Haltestelle Altklotzsche | **Öffnungs-zeiten** Mo–Fr 8–18 Uhr | **Tipp** In der Sächsischen Vinothek gibt es das Obst von den Dresdner Streuobstwiesen in seiner »vergeistigten« hochprozentigen Form, An der Frauen-kirche 13 und Salzgasse 2, www.saechsische-vinothek.de.

94_ Die Teekanne

Der perfekte Aufguss

Puristen unter den Teeliebhabern bevorzugen lose Blätter. Papiertütchen mit minderwertigem Teestaub darin lehnen sie ab. Höchstens handgenähte »Wohlfühlstoffbeutel« dürfen in die Teetasse – denn gute Blattqualität braucht ja genügend Platz, damit sich die Aromen entfalten können. »Handgenäht« und Beutel aus Stoff waren auch vor über 100 Jahren schon einmal aktuell.

1882 wird das Stammhaus in Dresden gegründet, 1888 »Teekanne« als Marke geschützt. Mit Teemischungen und in Dosen verpacktem Tee wird das junge Unternehmen schnell erfolgreich. In New York experimentiert Tee-Importeur Thomas Sullivan mit Mullsäckchen, die er 1908 seinen Kunden als Teemuster zusendet. In Deutschland wird die Dresdner Firma darauf aufmerksam – und versorgt im Ersten Weltkrieg Soldaten mit der sogenannten »Teebombe«. Diese in kleine Mullsäcke verpackten Portionen werden noch von Hand gefertigt. Industriell wird die Fertigung erst, als Adolf Rambold, ein Mitarbeiter des Unternehmens, 1929 die erste Teebeutelpackmaschine der Welt entwickelt.

Bei den geklebten Beuteln löste sich auch der Klebstoff im Wasser, was einen unangenehmen Beigeschmack verursachte. 1949 bringt das Unternehmen »Teekanne« den bis heute verwendeten gefalteten Doppelkammerbeutel auf den Markt und lässt ihn patentieren. Am neuen Standort in Westdeutschland – wo in Viersen nach Kriegsende bescheiden neu angefangen wird.

Denn die schwer beschädigte Dresdner Firma wird enteignet und mit der 1881 gegründeten Radebeuler Firma Otto Weber zum VEB Kaffee und Tee fusioniert. Als Warenzeichen wird 1954 die Marke »Teehaus« geschützt. Nach der Wende kooperieren »Teehaus« und »Teekanne« zunächst, um sich 1991 auch zusammenzuschließen.

Heute kaufen 40 Prozent der Deutschen ihren Tee im Beutel, der meist aus Papier, aber auch aus naturfarbener Biobaumwolle oder Hightechkunststoff hergestellt wird.

Adresse Teehaus, Meißner Straße 45, 01445 Dresden-Radebeul, www.teekanne.de |
ÖPNV Linie 4, Haltestelle Forststraße | **Öffnungszeiten** Werksverkauf: Mo, Mi
9–18 Uhr | **Tipp** Tee-Verkostungen bietet das Tee-Kontor an, mit Läden in Trachau,
Radebeul und der Äußeren Neustadt, www.dresdner-teekontor.de.

95__Die Theaterruine

Die Macher machen

Efeu und Wein wachsen am Mauerwerk, ranken sich durch leere Fensteröffnungen. Das Dach und große Mauerstücke fehlen, Wind, Sonne, Regen und Schnee haben freien Zugang zur Kirche. Jahrzehntelang schon steht die neugotische Evangelische Paulikirche als Ruine am Königsbrücker Platz. Im Krieg 1945 schwer beschädigt, wurde sie in den 1960er Jahren durch Mitglieder der Kirchengemeinde zwar enttrümmert, aber seither nicht wieder vollständig aufgebaut.

Ihre neue Karriere als Freilichtspielstätte für Theater und Musik begann erst nach der Wende. Der Spielbetrieb wird durch den 1999 gegründeten gemeinnützigen Verein Theaterruine e.V. getragen, der rund 100 Mitglieder zählt. Spielbetrieb mit allem Drum und Dran: Businessplan und Betreibervertrag, Regie und Proben, Kostüme und Plakate, Premierenfeier und Bühnenbild, Licht und Ton, Website und Newsletter müssen organisiert, gepflegt, erstellt, geschrieben, gezimmert werden … und dann sind da ja nur noch die Auftritte!

Alle machen mit – schön die Porträts der »Macher« auf der Theaterruinen-Website –, alle ehrenamtlich, von Vereinsleitung und Inszenierungsarbeit bis zur Betreuung der Pauli-Ruine, der Künstler und des Publikums. Nicht zuletzt beteiligt sich der Theaterverein alljährlich am HechtFest (siehe Seite 82) Ende August sowie an der KunstNacht Hecht und organisiert Gastspiele. Fördermittel und Spenden unterstützen das Budget.

Bislang war die Kirchenruine Dresdens Sommertheater, auch wenn bei fast jeder Witterung gespielt und kaum eine Vorstellung abgesagt wurde. Nach 66 Jahren erhält sie wieder ein Dach. Rund 100 Glasscheiben aus Sicherheitsglas wurden in eine Stahlkonstruktion eingefügt. Das neue Glasdach soll nicht nur Lärmschutz für die Anwohner rund um den Königsbrücker Platz bieten, es macht womöglich auch so unabhängig von der Witterung, dass aus dem Sommer- ein Ganzjahrestheater wird.

Adresse Königsbrücker Platz, 01097 Dresden-Hechtviertel/Leipziger Vorstadt, www.theaterruine.de | **ÖPNV** Straßenbahn 13, Haltestelle Bischofsplatz; Straßenbahn 7, 8, Haltestelle Goethe-Institut | **Öffnungszeiten** Mai–Sept. | **Tipp** Im St. Pauli Salon als zweiter Wirkstätte organisiert der Theaterverein Ausstellungen, Workshops, Vorträge, Konzerte und das SalonFest.

96 Die Tiefgarage
Unter der Frauenkirche

Tiefgaragen werden von Autofahrern meist gern in Anspruch genommen, sofern die Parktarife nicht zu sehr zwicken. Als reine Zweckbauten sind sie allenfalls umstritten, weil jeder unterirdische Parkplatz um ein Vielfaches teurer ist als oberirdische Stellflächen. Oft ist aber auch aus Sicht des Denkmalschutzes der Preis zu hoch.

Seit ihrer Umgestaltung sind Neumarkt und Altmarkt Fußgängern vorbehalten, und unter beiden erstrecken sich seither gigantische Tiefgaragen. Ein Teil dessen, was bei den Ausgrabungen dafür bis 2004 zutage kam, wurde leider abgerissen. Überraschend waren Reste der mittelalterlichen Stadtbefestigung aufgetaucht: Bis zur Erweiterung im 16. Jahrhundert führte diese ältere Stadtmauer mit dem Frauentor an Stallhof und Johanneum vorbei.

In der großen zweigeschossigen Tiefgarage unter dem Neumarkt mit rund 400 Stellplätzen wurden etwa auf Höhe der Nummern 1142 und 1143 die archäologischen Funde sichtbar in die Wand integriert. Die zweite, schon ältere Tiefgarage »Unter der Frauenkirche« bietet auf zwei Geschossen 150 Stellplätze. Bei ihrer letzten Instandsetzung wurde ein Farbkonzept erarbeitet – leuchtend rot taucht die Dresdner Stadtgeschichte in Form einer farbigen Silhouette an der Einfahrtrampe und weiteren Wänden auf.

Der Name »Unter der Frauenkirche« ist allerdings nicht hundertprozentig präzise, denn unter der Kirche selbst befindet sich die Unterkirche. Sie diente im 18. Jahrhundert als Begräbnisstätte, bestattet wurden in der Krypta Baumeister George Bähr und der Komponist Heinrich Schütz.

Auch die Unterkirche blieb bei der Zerstörung Dresdens nicht unversehrt und musste wiederaufgebaut werden. Die fünf Kapellen hat der Berliner Bildhauer Michael Schoenholtz künstlerisch gestaltet – sie thematisieren Zerstörung und Neubeginn. Den monumentalen Altarstein aus schwarzem Kalkstein fertigte der in Indien geborene jüdische Künstler Anish Kapoor.

Adresse An der Frauenkirche 12a, Zufahrt von der Schießgasse, und Frauenkirche/ Neumarkt, Zufahrt von der Landhausstraße, 01067 Dresden-Altstadt | **Öffnungszeiten** wie die Frauenkirche ist die Unterkirche in der Regel Mo–Fr 10–12 und 13–18 Uhr zugänglich | **Tipp** Zum Museum im Landhaus, das 800 Jahre Stadtgeschichte dokumentiert, sind es nur wenige Schritte.

97 — Der Tod mit der Bombe

Als Feuer vom Himmel fiel

Mehrfach in diesem Buch ist die Rede von der Zerstörung Dresdens am 13. und 14. Februar 1945. Von dieser Nacht an gab es eine neue Zeitrechnung an der Elbe – vor dem Angriff und nach dem Angriff. Mit 630.000 Einwohnern war Dresden eine der größten deutschen Städte der Vorkriegszeit gewesen. »Reichsluftschutzkeller« nannten die Dresdner ihre Stadt und hegten die Illusion, die Alliierten würden die Kulturmetropole verschonen.

Doch die ›Heimatfront‹ war im letzten Kriegsjahr bittere Wirklichkeit, und die Bomberverbände hatten bereits 45 von 60 deutschen Städten zerstört. Das Naziregime hatte Europa mit Krieg überzogen, nun schlugen die alliierten Streitkräfte mit aller Macht zurück.

In der Nacht vom 13. auf den 14. Februar 1945 ging Dresden in Flammen auf: Kurz nach 22 Uhr eröffneten britische Bombengeschwader der Royal Air Force die erste Angriffswelle, gegen halb zwei nachts kam die zweite Welle, als dritte Welle warfen amerikanische Bomber der US Air Force ihre tödliche Fracht ab. Wenige Monate vor Kriegsende wurde Dresden in einer einzigen Nacht in Schutt und Asche gelegt, Tausende von Menschen verloren ihr Leben.

Offiziell wird der Kriegsopfer auf dem Heidefriedhof (siehe Seite 204) gedacht. Eine Grabplastik auf dem Loschwitzer Friedhof tut dies ganz individuell und versteckt. An der Grabstätte von Paul Pleißner und seiner Frau Bertha, 1950 und 1968 verstorben, erinnert der »Tod mit Bombe« an den Untergang Dresdens. Der Uhrmacher hatte nicht sein Leben im Krieg verloren, wohl aber sein Geschäft. Der Künstlerfriedhof, auf dem zahlreiche Maler und Bildhauer beigesetzt sind, weist eine Vielzahl interessanter Grabstellen auf. Viele bildende Künstler schufen die Entwürfe für ihre Begräbnisstätte gleich selbst oder lieferten die Vorlage, wie beim Grab von Josef Hegenbarth, dessen Gestaltung auf einer seiner Skizzen beruht (siehe Seite 86).

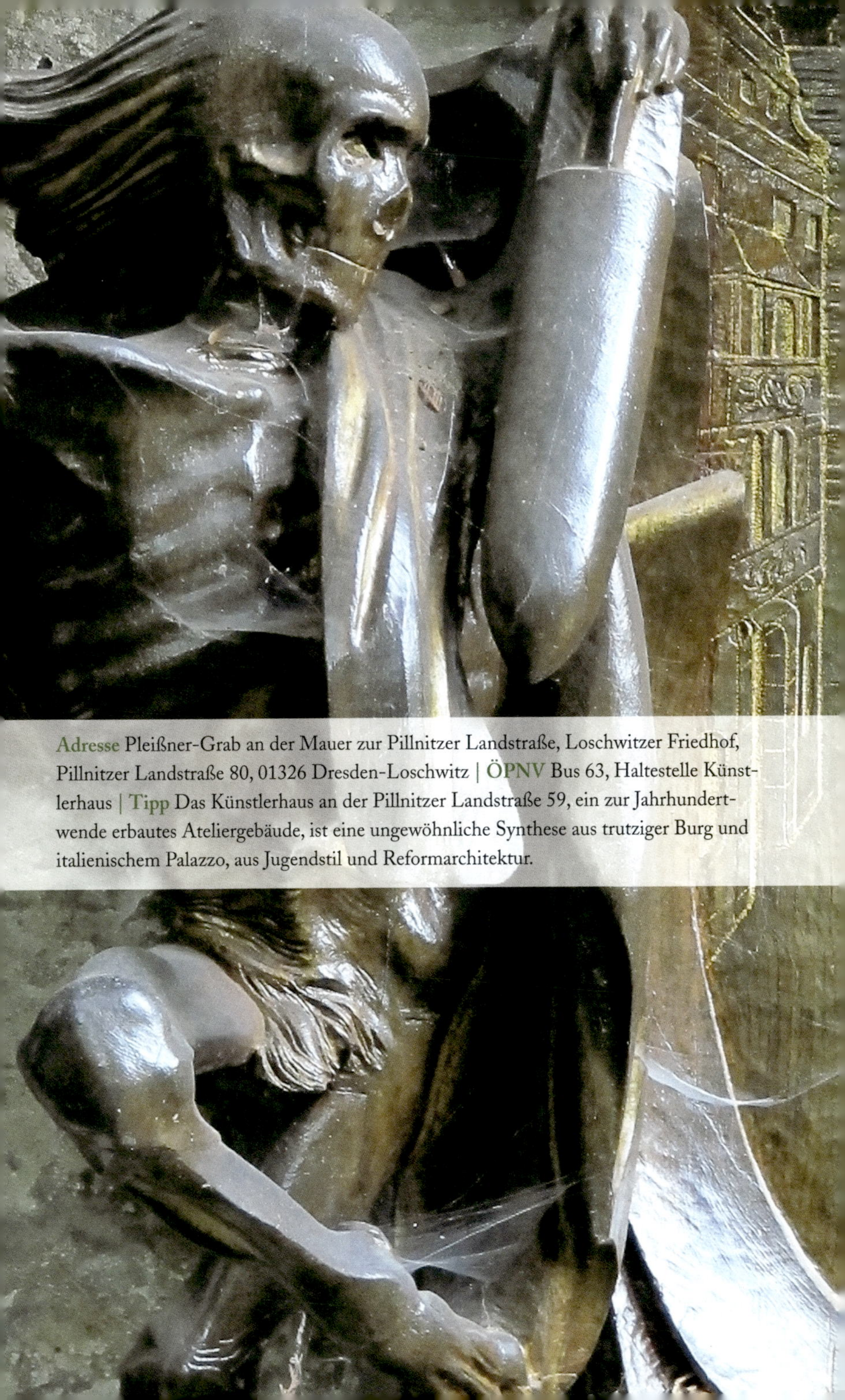

Adresse Pleißner-Grab an der Mauer zur Pillnitzer Landstraße, Loschwitzer Friedhof, Pillnitzer Landstraße 80, 01326 Dresden-Loschwitz | **ÖPNV** Bus 63, Haltestelle Künstlerhaus | **Tipp** Das Künstlerhaus an der Pillnitzer Landstraße 59, ein zur Jahrhundertwende erbautes Ateliergebäude, ist eine ungewöhnliche Synthese aus trutziger Burg und italienischem Palazzo, aus Jugendstil und Reformarchitektur.

98 __ Das Tränenmeer

Ein trauerndes Mädchen auf dem Heidefriedhof

Es ist ein Wunder, dass die halbwüchsige Eli die Bombennacht überlebt. Davongekommen, beginnt das Mädchen in Helga Schütz' Roman »Knietief im Paradies« (2005) eine Lehre als Gärtnerin und
karrt Blumen und Grünpflanzen durch die Trümmerlandschaft. Als
Lehrling im kommunalen Gartenamt führen ihre Wege sie auch auf
den Heidefriedhof. Die Chefs sprechen Lob aus für gelungene
Pflanzarbeiten im Denkmalbereich.

Mitte der 1930er Jahre war der Waldfriedhof in der Jungen Heide angelegt worden. Viele Opfer der Luftangriffe im Zweiten Weltkrieg wurden hier in Massengräbern beigesetzt. In den 1950er und
1960er Jahren wurde die mehr als 50 Hektar große Anlage zur zentralen Gedenkstätte umgestaltet. Entlang einer 400 Meter langen
Achse gibt es nicht nur für die Kriegstoten eine Gedenkstätte, gedacht wird auch der Opfer von Diktatur und Verfolgung.

Seit Beginn der 1980er Jahre forderten immer mehr Dresdner auf,
nicht mehr nur der eigenen Toten zu gedenken. Schließlich seien in
Dresden auch Bücher verbrannt, Kunst als entartet diffamiert, jüdische Mitbürger deportiert und Zwangsarbeiter drangsaliert worden.
1989 wurde ein Mahnmal für die in Dresden verstorbenen Kriegsge-
fangenen und Zwangsarbeiter eingeweiht. Die so schlichte wie aus-
drucksstarke Skulptur von Thea Richter zeigt fünf überlebensgroße,
mit Leichentüchern bedeckte, am Boden liegende Körper.

Anrührend ist auch die 2010 aufgestellte Plastik »Tränenmeer«,
die an die Opfer der Luftangriffe im Februar 1945 erinnert. Die
Bronzefigur eines Mädchens steht trauernd, mit überkreuzten Armen, auf einem schwarzen Granitbecken, dessen Wasser die Tränen
der Angehörigen symbolisiert. Die Künstlerin, die Dresdner Bildhauerin Malgorzata Chodakowska, ist mit Klaus Zimmerling ver-
heiratet, einem der führenden Winzer des Elbtals. Auf den Fla-
schenetiketten sind stets Plastiken seiner Frau abgebildet, und ihre
grazilen Figuren grüßen auch am Weingut.

Adresse Heidefriedhof, Moritzburger Landstraße 299, 01129 Dresden-Trachau | ÖPNV Straßenbahn 3, Bus 80, Haltestelle Heidefriedhof | **Öffnungszeiten** Mai–Okt. 6 Uhr bis Dämmerung; Nov.–April 7 Uhr bis Dämmerung. | **Tipp** Dass man, einmal hier, auch die Gedenkstätte für die Opfer der Luftangriffe, den Ehrenhain für die Verfolgten des Nationalsozialismus und das Rondell mit den Namen im Krieg zerstörter Orte und der Konzentrationslager besucht, versteht sich von selbst.

99__Der Trümmerberg

Frauen räumen auf

Zwischen der weithin sichtbaren Bienertschen Hafenmühle und den Sportanlagen im Ostragehege taucht unvermutet ein Hügel auf, der trotz seiner nur 33 Meter Höhe auf den flachen Elbwiesen doch etwas überrascht. Ob die Drachenfreunde wissen, wie die Anhöhe hierherkam?

Im Februar 1945 wurde Dresdens Zentrum bei einem der schwersten Luftangriffe des Zweiten Weltkriegs nahezu total vernichtet. Kaum ein Gebäude gab es, das von dem entfachten Feuersturm nicht beschädigt oder zerstört war. Eine apokalyptische Steinwüste blieb zurück. Wie auch anderswo waren es vor allem Trümmerfrauen (und -mädchen), die nach Kriegsende mit den Aufräumarbeiten begannen. Eine schier endlose Plackerei – sie schleppten, zerhackten und stapelten Steine, beluden Loren, und vor allem klopften sie im Akkord Ziegel von Mörtel frei. Nicht aller Kriegsschutt war noch verwendbar für den Wiederaufbau, manches wurde auch nur auf die Elbwiesen geschoben und dort aufgetürmt. Der Transport erfolgte an zentralen Stellen mit »Trümmerbahnen«, also in Güterloren über provisorisch verlegte Bahngleise, meist aber zogen die Frauen die schwer beladenen Wagen selbst. Der Trümmerberg im Ostragehege ist nicht Dresdens einziger Überrest der Nachkriegszeit, ein größerer blieb am Heller erhalten.

Hätte der Wiederaufbau von Dresden – als weitgehende Rekonstruktion des Vorkriegszustands – wirklich 40 Jahre gedauert, wie damals ausgerechnet wurde? Egal, ob die Schätzung ideologisch gefärbt oder realistisch war, jedenfalls entstand noch während der Enttrümmerung weiterer Verlust, weil möglichst schnell Neues aufgebaut werden sollte. Das 15 Quadratkilometer große Ruinenfeld der Innenstadt wurde komplett abgetragen – vordringlich war der Zugang zu den zerstörten Kanälen und Leitungen darunter. Nicht nur Erich Kästner beklagte 1947 die »kilometerlange, kilometerbreite Leere«, die er anstelle der Prager Straße vorfand.

Adresse Trümmerberg, 01067 Dresden-Friedrichstadt/Ostragehege | ÖPNV Straßenbahn 10, Haltestelle Alberthafen | Tipp Das überlebensgroße Denkmal einer Frau mit Schürze, Kopftuch, groben Schuhen und Hammer vor dem Dresdner Rathaus erinnert an die Aufbauleistung der Trümmerfrauen.

100__ Übigau

Göthe baute in Dresden

Elbabwärts am Stadtrand entstand 1726 ein Schlösschen als »maison de plaisance« für den sächsischen Kabinettsminister Graf von Flemming. Das kleine Palais erhielt einen damals neuartigen umlaufenden doppelstöckigen Arkadengang nach italienischem Vorbild. Allerdings verdankt es seine klassisch ausgewogene Gestalt dem schwedischen Architekten Johann Friedrich Eosander von Göthe (1669– 1728) und nicht dem deutschen Dichterfürsten.

Noch während der Bauzeit erwarb August der Starke das Lustschloss. Als Zweitgeborener überraschend nach dem frühen Tod des älteren Bruders auf den Thron gekommen, wandte er sich mit Ungestüm und Leidenschaft der Stadt- und Landschaftsplanung zu, um die kurfürstliche Residenzstadt zur glanzvollen europäischen Hauptstadt und zu Sachsens Serenissima auszubauen. Von seiner Kavalierstour nach Versailles, Madrid und Venedig hatte er neue Eindrücke mitgebracht. Wie in der Lagunenstadt sollte auch die Elbe zu einer wirkungsvoll eingefassten Wasserstraße, einem sächsischen Canal Grande werden. Das vom Fluss abgewandte, mit Festungsmauern gesicherte Dresden öffnete er zur Elbe hin, ein Geniestreich, der den Dreiklang von Stadt, Hang und Fluss erst vollendete.

Übigau – ein Teil von Augusts Projekt – hat der Entzug des Welterbetitels durch die Unesco besonders hart getroffen. Der verfallene Barockbau sollte aus einem Förderprogramm saniert werden – nun kämpft noch eine Bürgerinitiative. Dass das Schloss überhaupt erhalten blieb, ist der industriellen Nutzung zu verdanken. Im 19. Jahrhundert erwarb es Andreas Schubert. Er konstruierte die erste deutsche Dampflokomotive, die »Saxonia«, und mit der »Königin Maria« wurde in der Schiffswerft von Übigau auch das erste oberelbische Dampfschiff gebaut. Der Bauingenieur trug so gleich zweifach zum Mobilitätsfortschritt bei – zu Lande und zu Wasser wurden Menschen- oder Pferdestärken durch die Dampfmaschine ersetzt.

Adresse Werftstraße 17/Rethelstraße 47, 01139 Dresden-Pieschen | **ÖPNV** Straßenbahn 9, 13, Haltestelle An der Flutrinne | **Öffnungszeiten** Sommerwirtschaft Mai–Okt. | **Tipp** Als technisches Denkmal der Werft ist an der Elbe ein eiserner Drehkran von 1891 erhalten. Informatives zum Schloss, zur Werft und zum Flugplatz Kaditz sowie historische Pläne sind zu finden unter www.dresden-uebigau.de.

101 Die Ulbricht'sche Kugel

Die neuen Maschen der Strick-Guerilla

Tatort ist ein buntes Objekt an der Technischen Universität. Es setzt einen farbigen Kontrapunkt zum nüchternen Willers-Bau der Mathematiker. Verstrickt und zugenäht, wieso braucht gerade diese knuffige Kugel einen Pulswärmer? Denn eigentlich ist Guerilla-Stricken ein liebevoller Umgang mit Dingen, die sonst eher nicht beachtet werden, vielleicht sogar hässlich sind.

Und kurzlebig: Ein Schnitt, und schon ist die Kunst verschwunden. Eine Wollmütze für den Poller, ein Häkel-Bikini für die Statue oder ein Schal für den Laternenmast – »Guerilla Knitting« nennt sich diese Form des nächtlich-geheimen Verschönerns einer Stadt, in Anlehnung an »Guerilla Gardening«.

Oftmals sind es Arbeiten, die erst bei genauerem Hinsehen auffallen. Ist Wollkunst die weibliche Form der Street-Art? Im Vergleich zu aggressiven Graffiti-Farbattacken sei »Guerilla Knitting« gewissermaßen seine sanfte, weibliche Variante. Nun ja?! Auch männliche Stricker folgen dem in den USA grassierenden Trend, und immer größere Gegenstände im öffentlichen Raum werden umgarnt: Manch eine der Knitworkerinnen hat schon ganze Bäume oder Fahrräder eingestrickt und behäkelt.

Die Ulbricht'sche Kugel ist ein technisches Bauelement aus der Optik, mit dem diffuse Strahlung erzeugt wird. Entwickelt hatte den Kugelphotometer um 1900 ein Professor der TU, der Ingenieur Richard Ulbricht. Für seine Metallskulptur hat der Dresdner Künstler Jürgen Schieferdecker zwei hohle Halbkugeln zum Rumpf eines liebenswert-bunten Elefanten werden lassen.

Zugleich ist das Werk eine Hommage an den surrealistischen Maler Max Ernst, in dessen Bild »Elefant Celebes« von 1921 so eine plastische metallische Figur schon auftaucht, sie wiederum angeregt von einem afrikanischen Vorratsspeicher. Vor der Fakultät für Mathematik verschränken sich hier Kunst, Wissenschaft und Geschichte auf das Anregendste.

ULBRICHT'SCHE
KUGEL TH 1900

Adresse TU Dresden, Willers-Bau, Zellescher Weg, 01069 Dresden-Südvorstadt | **ÖPNV**
Bus 61, 66, Haltestelle Technische Universität | **Tipp** Auch der Erlebnispfad in der Äußeren
Neustadt regt an, mit offenen Augen durch die Straßen zu gehen und die Umgebung bewusst wahrzunehmen (siehe Seite 228).

102__ Undine

Pieschens Flussgöttin

Überlebensgroß steht die weibliche Figur mit der scharfkantigen Silhouette und der kriegerischen Haartracht an der Molenbrücke. Geschaffen wurde die 3,50 Meter hohe Metallskulptur von Angela Hampel, Mitbegründerin der Künstlerinnenvereinigung »Dresdner Sezession 89«.

Rätselhafte Wesen, die auf ambivalente Weise Stärke und Verletzlichkeit zeigen, sind zum Markenzeichen der Künstlerin geworden. Die Frau als Seherin, Hexe, Urmutter und Göttin, solche Mythen befragt die Malerin und Grafikerin – ein Beispiel sind ihre Illustrationen zu Christa Wolfs »Kassandra«. Ihre Figur »Undine kommt« ist literarisch inspiriert von Ingeborg Bachmanns »Undine geht«, auch von Friedrich de la Motte Fouqué und E. T. A. Hoffmann. Eine harmlose Brückenfee ist sie jedenfalls nicht.

1998 im Rahmen des Gemeinschaftsprojekts »An Elbe und Rhein« entstanden, hat Undine noch eine Schwester. Acht Künstlerinnen aus den alten und neuen Bundesländern waren gefragt, ortsbezogene Installationen oder Skulpturen an der Elbe und am Rhein zu schaffen. Die gleichen Arbeiten zum Thema Wasser oder Fluss, an beiden Orten installiert, ließen unterschiedliche Bedeutungsebenen zu. Die Bonner Schwesterfigur »Undine geht« blieb jedoch Eigentum der Bildhauerin und wurde 2011 von der Stadt Dresden angekauft. Wenige Kilometer flussaufwärts, am Johannstädter Elbufer in der Nähe des Fährgartens, erhält die Pieschener Figur ein »Gegenüber«. Als Paar stehen sie für Kommen und Gehen, Ebbe und Flut, Aufbruch und Zugrundegehen, Osten und Westen.

Die Malerin und Grafikerin hat noch eine zweite Leidenschaft: das Bergsteigen. 1999 nahm sie an einer Himalaja-Expedition teil und war schon in Tibet, Argentinien, Alaska, Pakistan, Russland und China auf Bergtour. Erst recht, seit sie die magische 8.000er-Marke bezwungen hat, zieht es sie immer wieder in die Ferne. In Pieschen aber gilt: Undine bleibt.

Adresse Leipziger Straße, 01127 Dresden-Pieschen | **ÖPNV** Straßenbahn, 4, 9, Haltestelle Oschatzer Straße | **Tipp** Als Mitglied der »Dresdner Sezession 89« war Angela Hampel auch aktiv am Wasserkunstweg beteiligt. Ihr »Denkmal für einen Bach« steht vor dem Landhaus (siehe Seite 100).

103__ Der Urnenhain

Krematisten und Gegner der Feuerbestattung

Verschlungene Wege ranken sich ornamental durch den Waldfriedhof, gewissermaßen im Jugendstil. Ein einzigartiges Jugendstilbauwerk ist auch das Krematorium mit dem Wasserbassin davor und der düsteren, langen Allee, die darauf zuführt. Zur Erbauungszeit war der Tolkewitzer Urnenhain nicht nur architektonisch eine ausgesprochen moderne Anlage, erst seit 1906 war die Feuerbestattung in Sachsen erlaubt.

Anders als auf dem benachbarten Johannisfriedhof wird hier die Asche der Verstorbenen in Urnen beigesetzt. Der Bau von Krematorien wurde erst Ende des 19. Jahrhunderts in Deutschland üblich – das erste entstand 1878 in Gotha. So setzte sich seit 1874 in Dresden »Die Urne – Verein für facultative Leichenverbrennung« für die Einführung der Feuerbestattung ein, den der Mediziner Friedrich Küchenmeister gegründet hatte. Auch der erste europäische Kongress der »Freunde der Feuerbestattung« fand in Dresden statt. Dabei wurden Theorien ausgearbeitet, die bestimmte Krankheiten der Vergiftung von Boden, Luft und Wasser zuschrieben. Besonders die Verwesungs- und Fäulnisprozesse auf den Begräbnisplätzen galten als verdächtig. Insbesondere diese medizinische Diskussion zur Krankheitsübertragung durch Infektion machten sich die »Krematisten« zu eigen.

Noch um die gleiche Zeit untersagte ein Dekret unter Papst Leo XIII. den Katholiken die »barbarische Sitte« und verbot die Beisetzung der Asche auf kirchlichen Friedhöfen. Auch die evangelische Kirche blieb ablehnend. Hinzu kam ein gewisses allgemeines Unbehagen daran, die Verstorbenen mit Hilfe industrieller Technik einzuäschern. Es gibt also vorwiegend Urnen auf dem durchaus weitläufigen Tolkewitzer Friedhof; viele Angehörige mochten aber doch nicht auf kunstvolle Grabdenkmäler verzichten. Für Trauerrituale sind denn eben tröstende Worte und eine einmalige Trauerfeier doch nicht genug.

Adresse Wehlener Straße, 01279 Dresden-Tolkewitz | **ÖPNV** Straßenbahn 4, 6, Haltestelle Urnenhain Tolkewitz | **Öffnungszeiten** April–Sept. 7 Uhr bis Dämmerung; Okt.–März 8 Uhr bis Dämmerung | **Tipp** Auch Zirkusdirektor und Clown Hans Stosch-Sarrasani, geboren in Posen und gestorben 1934 auf Tournee in São Paulo, fand hier seine letzte Ruhestätte (siehe Seite 230).

104 Die Waldschlösschen- brücke

Der Dresdner Brückenstreit

Als »Dresdner Brückenstreit« ist das Hin und Her zum festen Begriff geworden. 2004 erhielten die Stadt und das Elbtal zwischen Pillnitz und Übigau den Ritterschlag – zum Unesco-Weltkulturerbe. Dem beabsichtigten Bau der Waldschlösschenbrücke an der reizvollsten und breitesten Stelle der Elbauen trat die Kommission mit der deutlichen Aussage entgegen, sie sei mit der Auszeichnung unvereinbar. Nach laut polternden Streitereien zwischen Stadtoberen, Landesregierung, Bürgern, Naturschützern und selbst ernannten Experten wurde der Bau nur vorübergehend gestoppt. Auch die Kleine Hufeisennase, ein Fledermäuschen, vermochte die Brücke nicht zu verhindern. Die Unesco fackelte nicht lange. Nach nur drei Jahren verlor Dresden seine Auszeichnung als Weltkulturerbe wieder.

Um mit dem Auto schneller voranzukommen, hatten zunächst Dresdens Bürger mit fast 70 Prozent der abgegebenen Stimmen für den Bau votiert. Dass dies den Verlust des Welterbetitels bedeuten würde, konnten sie damals noch gar nicht wissen. Ein neuer Bürgerentscheid wurde aber gescheut, obwohl der Betonbau auch angesichts neuer Verkehrsanalysen immer fragwürdiger wurde. Nach den lang währenden Streitigkeiten zwischen Brückengegnern und -befürwortern ist sie nun da – mit rund 630 Metern mehr als doppelt so lang wie das Blaue Wunder. Hier müssen halt auch die flutpuffernden Elbwiesen überbrückt werden. Die Frage, ob die Brücke den Blick auf das berühmte Dresdner Stadtpanorama verstellt, ist im buchstäblichen wie im übertragenen Sinne eine des »Standpunkts.«

Ab 2007 wurden Bäume gefällt, Erdmassen bewegt, Fundamente betoniert – stets begleitet vom Protest der Gegner des Projekts. Besuch bekam die Baustelle auch von Elbebibern. Das Treibgut an einer Stütze wurde für gut befunden, eine Biberburg zu bauen. Vom Castor fiber albicans gibt es in Sachsen wieder rund 700 Exemplare.

Adresse Bautzner Straße, 01099 Dresden-Radeberger Vorstadt und 01307 Dresden-Käthe-Kollwitz-Ufer, Johannstadt | **ÖPNV** Straßenbahn 11, Haltestelle Waldschlösschen, und Bus 62, 74, Haltestelle Pfotenhauerstraße | **Tipp** Die schönste Tankstelle Dresdens steht an der Bautzner Straße 72.

105 Das Waldschwimmbad

Hoch hinaus mit Netz und Seil

Die Querstraße heißt passenderweise »Am Waldblick«. Wer mit dem Auto kommt und dort am Nesselgrundweg in Klotzsche parkt, muss noch ein Stück zu Fuß in die Dresdner Heide gehen. Zum chemaligen Waldbad geht es erst unter dem hohen Bahnviadukt hindurch und dann an der großen Wegkreuzung nach links. Wie der Weiße Hirsch war auch Klotzsche in der zweiten Hälfte des 19. Jahrhunderts bestrebt, als Kurort anerkannt zu werden. Der Kur- und Waldpark Klotzsche wurde eingerichtet, Wege, Ruhe- und Tennisplätze angelegt.

Der Weg führt entlang der Prießnitz, und richtig: Seit der Eröffnung 1902 speiste ihr (kaltes) Wasser das Freibad. In der Anfangszeit gab es sogar eine mit einer Krone gekennzeichnete Umkleidekabine – eigens für den sächsischen Kronprinzen, der sich zur Eröffnung in das Goldene Buch eingetragen hatte. Und einst erlernte Erich Kästner hier das Schwimmen. Herren- und Damenbad waren streng voneinander getrennt, sodass man sich zu »Thüringer Bratwürsten mit Kartoffelsalat« nur im Lokal des Bads treffen konnte. Blaublütige Besuche gab es dann länger nicht mehr, 2005 war es ganz aus mit dem Schwimmen im Wald. Die Becken sind verfüllt, auf der Liegewiese wuchert Unkraut. Wer darüber nur mit der Schulter zuckt, spielt wahrscheinlich Golf oder reitet ein eigenes Pferd.

Nur die Bäume freuen sich an ihrer neuen Aufgabe: Seit einigen Jahren existiert hier nämlich ein Kletterpark. Schon vor dem eigentlichen Eingang stößt man auf ein Drahtseil quer über die Prießnitz. Statt gekachelter Becken gibt es Kletternetze und Hangelsprossen, Tarzan-Lianen und Netzbrücken, Kippelbretter und Balancierstämme. Parcours unterschiedlicher Schwierigkeitsgrade wurden geschaffen, von »Spaß« über »Fitness« und »Abenteuer« bis zu »Risiko« – die Namen sprechen für sich. Selbst Fünfjährige dürfen hier schon kraxeln beziehungsweise Menschen ab 1,10 Meter Körpergröße.

Adresse Nesselgrundweg 80, 01109 Dresden-Klotzsche, www.kletterwald-dresdner-heide.de | **ÖPNV** Straßenbahn 7, Bus 70, 72, 80, Haltestelle Zur Neuen Brücke | **Öffnungszeiten** Kletterwald April, Mai, Sept. Di–Fr 13–19 Uhr, Sa, So 10–19 Uhr; Juni, Aug. tägl. 10–20 Uhr; Okt. Di–Fr 13–18, Sa, So 10–18 Uhr; Nov.–März geschlossen | **Tipp** Wer dem Lauf der Prießnitz noch bachaufwärts folgt, gelangt zum Wasserfall (siehe Seite 148).

106 Der Waschsalon

Sag mir, wo die Socken sind …

… wo sind sie geblieben? Zumindest für 2.583 Socken kann man diese Frage beantworten: In der Louisenstraße 6. Michael Baumann, Chef des Waschsalons Crazy, hängte Exemplare in allen Größen und Farben unter die Decke. Trotzdem bleiben die Singlesocke und das Verschwinden ihrer Partnerin eines der mysteriösen Rätsel der Menschheit. Zu den urbanen Legenden gehört die sockenfressende Waschmaschine – aber das muss man wohl unter der Rubrik blühender Unsinn verbuchen.

Weiterhin verschwinden täglich einzelne Socken auf unerkärliche Art und Weise. Was machen eigentlich andere mit ihren verwaisten Exemplaren? Auf eBay gab es mal ein Angebot 100 einzelner Socken aus Ostfriesland – müffel, müffel, das muss man wollen. Eine Bastelseite im Netz empfiehlt ihre Verwertung als Adventskalender. Nun ja!

Dass ein Waschsalon auf der Louisenstraße seine Berechtigung hat, muss nicht näher erklärt werden – wo, wenn nicht in der Äußeren Neustadt gibt es die Klientel für Waschautomaten? Schließlich legt man in der Bunten Republik mehr Wert auf linksalternative Utopien (wie die Vergesellschaftung von Privateigentum) als auf Hightech-Waschmaschinen mit »optimiertem Waschergebnis« und »Restlaufanzeige«. Und sauber wird die Wäsche in öffentlichen Automaten auch.

Neben der Alaunstraße ist die Louisenstraße die zentrale Achse der Äußeren Neustadt, Geschichten ohne Ende könnte sie erzählen. Bekannt aus Erich Kästners Erinnerungen »Als ich ein kleiner Junge war« ist, dass er hier bei der »klitzekleinen Frau Stamnitz« die Sonntagsblumen besorgte. Und die Drogerie muss wohl Namensgeber für den Mitschüler Gottfried Klepperbein in »Pünktchen und Anton« gewesen sein. Die schon 1707 gegründete Dresdner Firma Klepperbein verkaufte natürliche Haus- und Heilmittel: Die Marke »Kluger Vogel« versprach volles Haar, der »Adonistee« Entfettung.

TROCKNEN

1. Wäsche einlegen, Tür schließen (einrasten).

2. Am blauen Automaten Geld einwerfen
und die Nummer des gewünschten Trockners drücken.
(Nummer der Taste = Nummer des Trockners)

3. Temperatur wählen, Starttaste drücken,
nach Programmende Tür öffnen, Wäsche entnehmen.

15 16 17 18

Adresse Louisenstraße 6, 01099 Dresden-Äußere Neustadt | **ÖPNV** Straßenbahn 7, 8, 13, Haltestelle Bischofsweg | **Tipp** Das Stadtteilhaus in der Prießnitzstraße 18 war ursprünglich ein Wannen- und Reinigungsbad, was sich in der Kneipe noch erkennen lässt. Die Gartenwirtschaft bietet einen der wenigen öffentlichen Zugänge zur Prießnitz (siehe Seite 148).

107_ Der Wasserflugplatz
Mit Schwimmwerk und Motorkraft nach Altona

Auf der Sonderpostkarte des Philatelistenverbands der DDR vom 10. August 1990 hebt das Wasserflugzeug direkt vor der Albertbrücke ab. In vielen wasserreichen Regionen gehören Flugzeuge mit Kufen und Schwimmkörpern zum vertrauten Bild. Nun liegt Sachsen aber weder in Kanada noch in Skandinavien. Dennoch wurde am 10. August 1925 ausgerechnet in Dresden Deutschlands erste Wasserfluglinie eröffnet.

Für den Betrieb des Flugplatzes betonierte man einen Abschnitt des Johannstädter Elbufers, und die Flugzeuge konnten an einem vergrößerten Bootssteg »anlegen«. Start- und Landebahn waren ja glücklicherweise schon vorhanden. Das einstöckige Bootshaus an der Uferstraße nutzte man zur »Abfertigung« und für den Ticketverkauf. Unterhalb des Käthe-Kollwitz-Ufers blickt der »Johannstädter« heute allerdings nur noch über einen Fußballplatz auf die Elbe.

Die Fluglinie verband Dresden im wahrsten Sinne des Wortes über die Elbe mit Hamburg-Altona einschließlich eines Zwischenstopps in Magdeburg. Im Einsatz waren zwei Maschinen des Typs Junker F 13; die planmäßige Flugzeit für die rund 450 Kilometer betrug etwa vier Stunden. Die beiden Flugzeuge beförderten bis zu vier Passagiere sowie Sendungen der Deutschen Reichspost.

Die Erwartungen erfüllte die Fluglinie nicht: Bereits im ersten Winter stellte sich heraus, dass die Strecke wegen Eisgangs auf der Elbe und bei Hochwasser nicht rentabel betrieben werden konnte. Nicht zuletzt blieben bei Kälte zudem die Passagiere aus. Anfang 1926 übernahm die aus der Fusion der Junkers Luftverkehr mit der Aero Lloyd hervorgegangene Deutsche Lufthansa die Linie und legte sie im Sommer des gleichen Jahres still. Die beiden Flugzeuge wurden landtüchtig gemacht und starteten auf einer regelmäßigen Fluglinie Dresden–Hamburg vom Heller. Nur noch alte Postkarten und Fotos dokumentieren das einjährige Kuriosum der Fluggeschichte.

Adresse Käthe-Kollwitz-Ufer, 01307 Dresden-Johannstadt, www.johannstaedter.de |
ÖPNV Bus 62, Haltestelle Pfeifferhannsstraße | **Tipp** Rundflüge und Ballonfahrten über
Dresden kann man in Klotzsche beim Fliegerservice August der Starke buchen oder sich
im Simulator selbst ans Steuer setzen.

108__Der Wasserturm

Wohnturm mit Weitblick

Der Turm auf dem grasbewachsenen Hügel schaut weit ins Land. Wie ein italienischer Wohnturm oder der einer mittelalterlichen Burg überragt er seine gesamte Umgebung. Die schießschartenartigen Fenster unterstreichen den trutzigen Eindruck. Nur das oberste, mittels Fensteröffnungen aufgelöste Dachgeschoss thront darüber wie ein Adlerhorst. Dass das Terrain unterhalb bislang unbebaut blieb, steigert die Wirkung des imposanten Turms noch.

Fast könnte man meinen, es handle sich um einen Hochbunker. Die wehrhafte Anmutung darf nicht darüber hinwegtäuschen, dass der 22 Meter hohe Bau nicht zum Schutz vor feindlichen Angriffen errichtet wurde, sondern 1935 als technische Anlage entstand.

Das Gebäude mit einem Fassungsvermögen von 10.000 Hektolitern diente primär der Wasserversorgung des neuen Flughafens. Seine wuchtige Statur macht den Zweckbau zum durchaus charakteristischen Abbild seiner Zeit: Trotz der klaren Formensprache erscheint er auch typisch für die Architektur der 1930er Jahre. Aufgrund der exponierten Lage wurde der 1970 stillgelegte Wasserturm zum Wahrzeichen Klotzsches, doch mit Wasser versorgt er den Ortsteil nicht mehr. 2004 entstanden in dem Gebäude zwölf Wohnungen.

Aber mit Krieg ist man nicht gänzlich auf der falschen Fährte. Offiziell hatte das Reichsluftfahrtministerium den alten Flugplatz vom Heller wegen ungünstiger Verhältnisse hierher verlegt. Aber schon vor Kriegsbeginn wurde der neue Platz nicht nur für zivile Zwecke genutzt: Die 1936 gegründete Luftkriegsschule, eine der vier großen des »Dritten Reichs«, bildete hier junge Offiziere zu Militärfliegern aus, schon kurz nach der völkerrechtswidrigen Wiederbewaffnung Deutschlands sowie der Einführung der Wehrpflicht und der offiziellen Gründung der Luftwaffe im März 1935. Unglücke ließen sich nicht verhindern: Rund zwei Dutzend der jungen, unerfahrenen Flieger sollen in der Nähe von Klotzsche abgestürzt sein.

Adresse Dörnichtweg 6, 01109 Dresden-Klotzsche | **ÖPNV** Bus 77, Haltestelle Dörnicht-weg | **Tipp** Eine Relieftafel, die eine wasserschöpfende Frau an einer Quelle zeigt und ursprünglich direkt am Gebäude angebracht war, steht seit der Umwandlung des Turms in Wohnungen davor im Gras.

109_Die Windmühle

Ein Holländer in Sachsen

Mühlen haben viele Fans, und diese Fans gründen Vereine, die sich um den Erhalt kümmern, den Sächsischen Mühlenverein beispielsweise. Freundliche Fachleute erklären auch gern die Unterschiede von Bockwind et cetera und kennen sich mit Mahlwerk, Feststellbremse, Läuferstein und Königswelle aus.

Holländerwindmühlen unterscheiden sich von den vorher üblichen Bockwindmühlen durch eine drehbare Kappe; die dort befestigten Flügel – die eigentlich Ruten heißen – können dadurch nach dem Wind ausgerichtet werden. Die technische Innovation kam schon im 16. Jahrhundert auf, in Gohlis wurde die ältere Bauweise aber erst um 1830 durch einen Neubau ersetzt.

Einige weitere Windmühlen haben überlebt, auch wenn ihre technische Funktion nicht mehr gefragt ist. Die Mühle in Leutewitz ist ein Lokal, die Mühle bei Zaschendorf wird als privater Wohnsitz genutzt und blickt über Elbtal und Versuchsfelder der TU. In Possendorf wurde in der Ende des 17. Jahrhunderts erbauten Holländerwindmühle noch vor einigen Jahren letztmalig Mehl gemahlen – die funktionsfähige Anlage kann man sich sonntagnachmittags erklären lassen. Ihre Adresse lässt sich leicht merken: Windmühlenhöhe 1!

Die Mühle in Gohlis dagegen hat schon allerhand hinter sich, war Getreidemühle und Mühlenmuseum, aber auch schon Bäckerei, Gaststätte, Jugendherberge und Ferienlager und wurde mehrfach rekonstruiert und wieder dem Verfall preisgegeben. Das technische Denkmal ist also eher originalgetreu als echt zu nennen. Die Lage direkt an Elbufer und Elberadweg macht den Standort in Zeiten von Tourismus und sportlichen Aktivitäten heute wieder ideal – als Lokal. Eine Tafel weist darauf hin, dass Flora und Fauna ringsherum schützenswert sind.

Übrigens: In Possendorf muss fast jeder Besucher die Frage beantworten, in welche Richtung sich die Flügel einer Windmühle drehen. Entgegen dem Uhrzeigersinn, ist die richtige Antwort.

Adresse Windmühlenweg 17, 01156 Dresden-Gohlis, www.gohliser-windmuehle.de |
Öffnungszeiten Kaffee- und Biergarten April, Mai Di–So 10–20 Uhr; Juni–Aug. tägl.
10–20 Uhr; Sept., Okt. Di–So 10–19 Uhr. Mühlenstube: Nov.–März Mi–Sa 14–19 Uhr;
So 10–19 Uhr. | **Tipp** Die Gohliser Mühle kann nach Voranmeldung unter Tel. 0351/
4546467 besichtigt werden.

110__ Das Wurzel-Werk

Entdecke, wo du lebst

So wichtig es auch ist, nicht den Boden unter den Füßen zu verlieren, so wenig achtet man in der Regel beim Gehen darauf, wie er beschaffen ist. Jedenfalls nicht in erster Linie – es müssen schon Unebenheiten oder Stolpersteine im Weg sein. »Stolpersteine« heißt das europaweite Kunstprojekt, mit dem der Künstler Gunter Demnig an die Opfer der NS-Zeit erinnert, indem er vor ihrem letzten selbst gewählten Wohnort Gedenktafeln aus Messing ins Trottoir einlässt.

Die ebenfalls in das Pflaster eingelassene, 5,40 Meter lange Augenlinse auf der Verkehrsinsel entstand 2005 nach einer Idee der Landschaftsarchitektin Chris Erben-Bernert. Das Bodenmosaik aus Basaltpflaster und Tränenblech lässt – einem Sichtfenster ins Erdreich gleich – einen symbolischen Blick auf das große, mächtige Wurzelwerk eines Baums zu. Einer Faustformel nach entsprechen die unterirdischen Ausmaße eines Wurzelsystems spiegelbildlich dem Umfang der Baumkrone.

Und tatsächlich, hier auf dem Albertplatz, an unwirtlicher, autoumtoster Stelle, behauptet sich eine große unter Naturschutz stehende Platane. In blauen Acrylbuchstaben zitiert das »Wurzel-Werk« den Dichter Khalil Gibran: »Bäume sind Gedichte, die die Erde in den Himmel schreibt.«

Die Pflasterkunst gehört als erste Station zum »Erlebnispfad Äußere Neustadt«. Bekanntes wie Pfunds Molkerei und die Kunsthöfe sind dabei, aber die meisten der »Blickwinkel« sind auf den ersten Blick völlig unscheinbar. Die Nistkästen an zwei Hausfassaden beispielsweise fallen zunächst gar nicht auf.

Mit einem Augenzwinkern wird hier mit der Neugier des Betrachters, der Entdeckungslust und dem Moment der Überraschung gespielt. Der Besucher der Stationen geht mit geschärftem Blick durch das Stadtviertel, das macht das Projekt auf anregende und humorvolle Weise auch zu einer Schule des Sehens. Entdecke, wo du lebst!

Adresse Albertplatz, Verkehrsinsel, 01099 Dresden-Neustadt | **ÖPNV** Straßenbahn 3, 6, 7, 8, 11, Haltestelle Albertplatz | **Tipp** Informatives zu den Stationen des Erlebnispfads findet sich unter www.blickwinkel-dresden.de/stationen.htm und unter www.stadtteilhaus.de.

111 __Der Zirkusbrunnen

Elefanten en miniature

Der Carolaplatz macht nicht viel her. Trotz der Beliebtheit der schwedischen Prinzessin und letzten Königin von Sachsen herrscht sie eigentlich nur über eine Verkehrskreuzung und einen Parkplatz. Auch die beiden Anrainer, die Sächsische Staatskanzlei und das Finanzministerium, sorgen nicht gerade für zirzensische Stimmung. Dabei wurde der Platz jahrzehntelang vom Circus Sarrasani geprägt, dem die Stadt das freie Gelände 1910 verkaufte. Es entstand ein gewaltiger Rundbau mit einer fast 50 Meter weiten und 36 Meter hohen Kuppel, der erste feste Zirkusbau Europas, bei dessen Einweihung auch die königliche Familie anwesend war.

Es gab mehrere Gaststätten und große Stallungen – zeitweise sollen 250 Pferde, 100 Raubtiere, 22 Elefanten sowie Kamele und Affen zu den Attraktionen des berühmten Zirkus gehört haben. Mit einer Hommage an die Zirkustiere gedenkt der Brunnen von Vinzenz Wanitschke dieser vergangenen Ära. Die letzte Vorstellung fand 1945 beim Luftangriff statt – und hat sogar Eingang in die Literatur gefunden. In Martin Walsers »Die Verteidigung der Kindheit« flieht der 15-jährige Alfred Dorn aus dem brennenden Zirkus.

Eigentlich ging man in den Zirkus wie in ein Tanzlokal. Dass im Sarrasani auch die Republik ausgerufen wurde, ist eine andere Geschichte.

Schon vor der Novemberrevolution galt Sachsen als »Rotes Königreich«, als Hochburg der Arbeiterbewegung und der Sozialdemokraten. Es herrschte Aufbruchsstimmung, als sich am 10. November 1918 mehrere Tausend Delegierte von Arbeiter- und Soldatenräten aus ganz Sachsen im Zirkus versammelten. Drei Tage später dankte der letzte sächsische König, Friedrich August III., nach über 800 Jahren wettinischer Herrschaft ab mit den legendären Worten »Machd doch euern Dregg alleene!« Jedenfalls einer weitverbreiteten Anekdote zufolge – er selbst hat den Ausspruch immer abgestritten.

Adresse Sarrasanistraße/Ecke Carolaplatz, 01097 Dresden-Innere Neustadt | **ÖPNV** Straßenbahn 3, 7, 8, Haltestelle Carolaplatz | **Tipp** Direkt am Carolaplatz liegt der Jägerhof mit seiner Sammlung sächsischer Volkskunst und historischer Puppentheater.

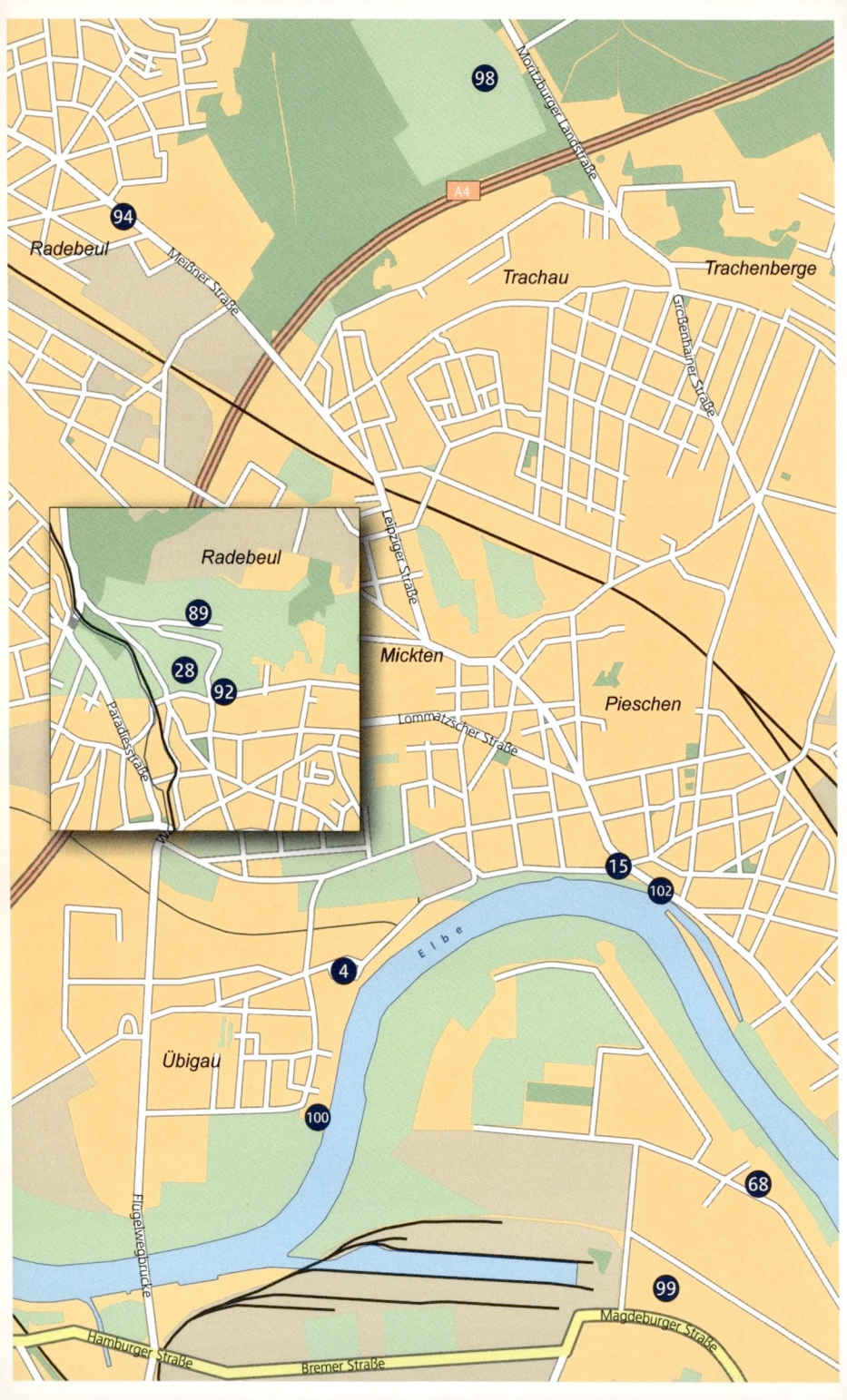

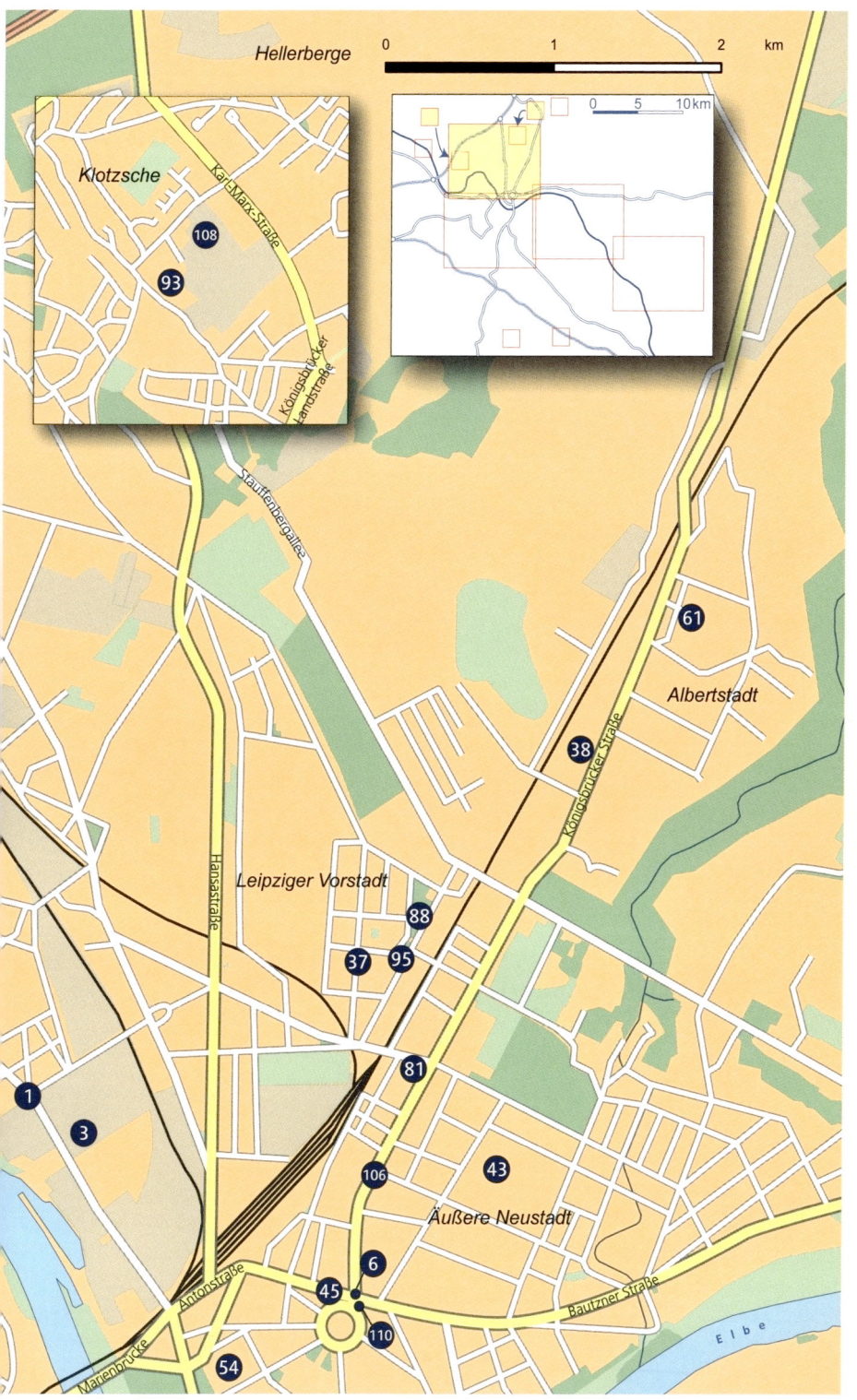

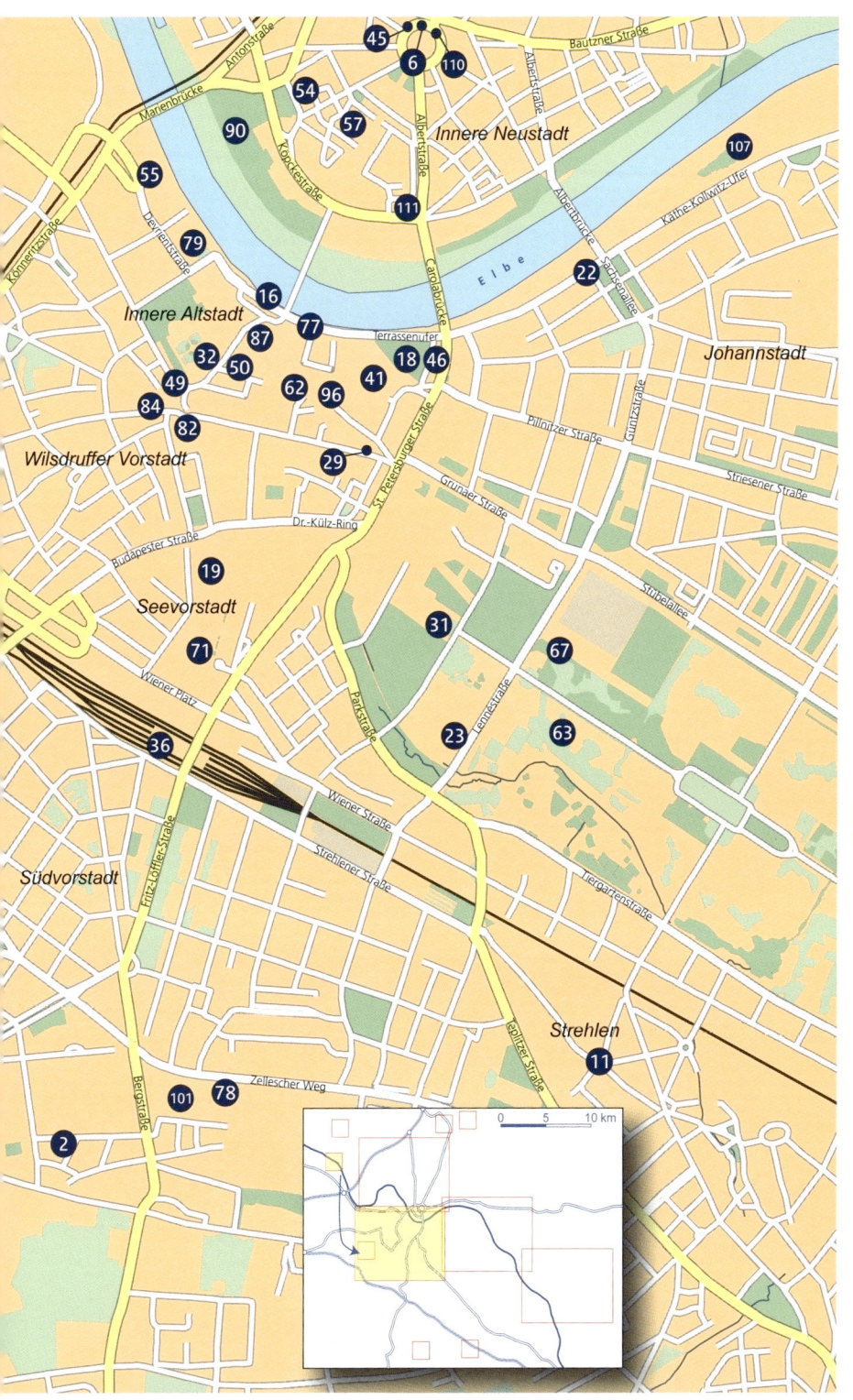